Sabine Herzig | Anke Lange-Wandling

111 Ideen
für das erste Schuljahr

**Vom ersten Schultag bis
zum letzten Buchstabenfest**

Verlag an der Ruhr

Titel

111 Ideen für das 1. Schuljahr

Vom ersten Schultag bis zum letzten Buchstabenfest

Autorinnen

Sabine Herzig, Anke Lange-Wandling

Covergestaltung

unter Verwendung eines Fotos (Schultafel) von © Lilly Dippold/pixelio.de

Illustrationen

Norbert Höveler

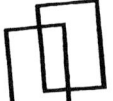

Verlag an der Ruhr,
Mülheim an der Ruhr
www.verlagruhr.de

Geeignet für die Klasse 1

Unser Beitrag zum Umweltschutz

Wir sind seit 2008 ein ÖKOPROFIT®-Betrieb und setzen uns damit aktiv für
den Umweltschutz ein. Das ÖKOPROFIT®-Projekt unterstützt Betriebe dabei,
die Umwelt durch nachhaltiges Wirtschaften zu entlasten.
Unsere Produkte sind grundsätzlich auf chlorfrei gebleichtes und nach
Umweltschutzstandards zertifiziertes Papier gedruckt.

© **Verlag an der Ruhr 2008**
ISBN 978-3-8346-0363-0

Printed in Germany

„Jedem Anfang wohnt ein Zauber inne ..."
— Hermann Hesse

Dieses Zitat gilt wohl für die Kleinen wie die Großen gleichermaßen: für die Schulanfänger, ihre Eltern und Sie selbst als Lehrerin. Für alle ist der Schulanfang und das erste Schuljahr eine ganz besondere Zeit, die so viele – entscheidende – Weichen für die nun folgenden Jahre stellt.

Mit unseren 111 Ideen für das erste Schuljahr wollen wir Ihnen und Ihrer neuen Klasse eine Starthilfe für diese schöne, spannende, aufregende, turbulente, wichtige, lehrreiche, freudige und zauberhafte Zeit bieten.

Wir haben kein Patentrezept für Sie ausgeklügelt, sondern eine Schatzkiste zum Stöbern zusammengestellt: aus unseren eigenen Erfahrungen, aus Elementen, die uns bei Kolleginnen beeindruckt haben und aus bekannten Ideen im neuen Gewand, d.h. mit neuen Anwendungsmöglichkeiten und Lernchancen. Es handelt sich um kleine und große Angebote, von Spielen einfach so für zwischendurch bis hin zu längerfristigen Projekten, die über das ganze erste Schuljahr oder sogar die gesamte Grundschulzeit fortgeführt werden können.

Wählen Sie für sich einfach diejenigen aus, die zu Ihnen und Ihren Kindern passen, die Sie persönlich ansprechen und inspirieren. Oder nehmen Sie unsere Vorschläge als Anlass, bekannte und bewährte Ideen selbst weiterzuentwickeln.

Sie können unsere Vorschläge selbstverständlich auch in jahrgangsgemischten Lerngruppen einsetzen, in angeleiteten Unterrichtsphasen sowie in Wochenplan- und Freiarbeit. Daher finden Sie auch immer wieder Hinweise zur Differenzierung und zur Einbeziehung älterer Schüler.

Wir wünschen Ihnen ganz viel Freude an und mit Ihrer neuen (ersten) Klasse: ein motivierendes, freudvolles, kreatives und erfolgreiches Leben und Lernen voneinander und miteinander.

Sabine Herzig
Anke Lange-Wandling

Dieses Buch richtet sich an Lehrerinnen und Lehrer. Aus Gründen der besseren Lesbarkeit möchten wir uns jedoch auf die weibliche Anrede beschränken. In der Grundschule gibt es nun einmal – leider – immer noch zu wenige Männer (von den Hausmeistern einmal abgesehen). Aber selbstverständlich sind alle Lehrer genau so herzlich angesprochen wie die weiblichen Kolleginnen. Und damit es einheitlich und ausgeglichen ist, sind natürlich bei den Schülern, Hausmeistern etc. auch immer alle angesprochen.

Damit Sie unsere Ideen gleich in die Tat umsetzen können, haben wir sie jeweils übersichtlich strukturiert in

☀ Ziel

das Ziel (bzw. den Verwendungszweck) des Angebots,

✂ Material/Vorbereitung

die Materialien, die Sie benötigen, und die Vorbereitungen, die im Vorfeld zu treffen sind (einiges erwähnen wir allerdings nicht jedes Mal explizit, z.B. das Laminieren von Arbeitsmaterial aus Papier. Ebenso setzen wir voraus, dass Sie eine Grundausstattung an verschiedenen Stiften, Klebern, Tackern usw. zur Hand haben),

⚙ So geht's

die genauer Beschreibung des Ablaufs: „So geht's"

und

☺ Tipps

besondere Tipps, die Ihnen Weiterführungs- und Differenzierungsmöglichkeiten aufzeigen oder Sie auf Stolpersteine bei der Umsetzung sowie passende Lösungen hinweisen.

Kopiervorlage

Zu dieser Idee haben wir für Sie als Ergänzung eine passende Kopiervorlage vorbereitet. Nach der Registrierung in unserem Online-Shop finden Sie die Kopiervorlagen im Bereich „Mein Konto" unter Downloads/Bonusdownloads.

1

„Hurra, ich bin ein Schulkind"

– Die Neuankömmlinge willkommen heißen

Der erste Schultag ist ein ganz besonderer Tag, der den Anfang eines neuen Lebensabschnittes für die Kinder einläutet. Doch nicht erst mit diesem Tag sollte Ihre Arbeit für die Kinder und mit den Kindern beginnen: Sie haben bereits vor den Sommerferien die Möglichkeit, den Grundstein für ein gutes Gelingen des Schulstarts und des ersten Schuljahres zu legen. Sicher möchten Sie die Neuankömmlinge gebührend willkommen heißen und ihnen auch die – gar nicht so unverständliche – Furcht vor dem neuen Lebensabschnitt nehmen. Patenschaften älterer Schüler, ein gemeinsamer Nachmittag vor den Sommerferien zum gegenseitigen Kennenlernen oder ein freundlicher, persönlicher Brief können dabei helfen.

Aber auch die Eltern werden sich schneller in ihrer neuen Rolle wiederfinden, wenn Sie ihnen schon im Vorfeld Hilfestellungen gewähren, um sich und die Kinder gut vorzubereiten. Dazu gehören ausführliche und konkrete Informationen über anzuschaffende Arbeitsmaterialien, aber auch Tipps für die Schultüte.

So vorbereitet wird sicher auch der erste Schultag ein Erfolg. Doch neben der Einschulungsfeier, die ja oft die ganze Schule organisiert, sind besonders die ersten Unterrichtsstunden der Kinder prägend für ihre Einstellung zur Schule. Begrüßen Sie die Kinder also mit einem schönen, ansprechenden Raum, vielleicht sogar einem persönlichen Geschenk, und geben Sie ihnen die Möglichkeit, sich gleich wohlzufühlen und ihren (Sitz-)Platz zu finden. Dazu gehört auch, dass am ersten Tag gleich etwas Wichtiges erarbeitet wird. Würden Sie nur singen und spielen, wären sicher viele Kinder enttäuscht. In ihrer Vorstellung soll sich Schule deutlich vom Kindergartenalltag abheben. Das versteht sich sozusagen von selbst – in ihrer neu erworbenen Ehre als Schulkind. Außerdem sollten Sie die Vorstellungen, Erwartungen und gegebenenfalls auch Befürchtungen der Kinder einbeziehen und ernst nehmen.

1 Paten für die Neuankömmlinge

 Ziel

Für jeden Erstklässler wird ein älterer Schüler als Pate festgelegt. Dieser ist ihm besonders während der ersten Schulwochen bei der Eingewöhnung und Orientierung behilflich.

✂ Material/Vorbereitung

Schön sind Einzelfotos aller Erstklässler (vielleicht aus der Schülerakte oder vom Vorstellungsgespräch).

So geht's

Wenn Sie eine jahrgangsgemischte Klasse unterrichten, übernehmen Ihre eigenen Schüler aus den höheren Jahrgängen die Patenschaften. Bei jahrgangshomogenen Klassen können Sie mit der Kollegin einer 3. oder 4. Klasse kooperieren und dort Paten finden.

Besonders ansprechend ist es, wenn Sie von den zukünftigen Erstklässlern Fotos haben. Dann können sich die älteren Schüler im wahrsten Sinne des Wortes schon ein Bild von den Neuankömmlingen machen und sich ihr Patenkind mit aussuchen.

⟲ Tipps

Die Zuordnung der Paten regeln Sie am besten schon vor den Sommerferien. So können diese bereits vor der Einschulung aktiv werden, indem sie beispielsweise die Willkommensbriefe mitgestalten *(>> siehe Idee 3)*, beim Kennenlern-Nachmittag vor den Sommerferien mitwirken *(>> siehe Idee 2)* oder Begrüßungsgeschenke für den ersten Schultag basteln *(>> siehe Idee 5)*. Was können Paten sonst noch tun? Sie können die Erstklässler …

≋ ganz konkret im Unterricht unterstützen bzw. mit ihnen gemeinsam an einem Projekt arbeiten, z.B. im Kunstunterricht, als Lesepaten *(>> siehe Idee 74)* oder Sekretäre *(>> siehe Idee 81)*.

≋ durch die Schule führen und mit allen wichtigen Örtlichkeiten vertraut machen.

≋ in die ersten Hofpausen begleiten und Spielmöglichkeiten zeigen.

≋ zu einem Ausflug zu Schulbeginn begleiten und bei dieser Gelegenheit z.B. auch als Vorbild für das Verhalten im Straßenverkehr dienen.

≋ bei kleineren Konflikten vermitteln.

Wichtig ist, mit den zukünftigen Paten genau zu besprechen, welche Aufgaben auf sie zukommen und wie wichtig ihr Amt ist. Ein so verantwortungsvoller Posten wird sie stolz machen. Auf der anderen Seite sollte den Kindern aber auch klar sein, worauf sie sich einlassen. Denn wie furchtbar wäre es für einen Erstklässler, wenn sein Pate kurzfristig einen Rückzieher macht.

2 Kennenlern-Nachmittag vor den Sommerferien

 **Ziel**

Die zukünftigen Erstklässler lernen schon vor den Sommerferien sich gegenseitig, die neue Lehrerin, ggf. ihre Paten und die neue Umgebung kennen und erhalten so einen leichteren Einstieg.

 **Material/Vorbereitung**

Das hängt ganz davon ab, was Sie persönlich planen.

So geht's

Falls es an Ihrer Schule ein Schulfest vor den Sommerferien gibt, bietet es sich an, die zukünftigen Erstklässler dazu einzuladen. Natürlich können Sie auch ein kleines Fest oder eine Wanderung nur für Ihre neue Klasse und ggf. die Patenklasse organisieren.
Wenn Sie Paten haben, sollten Sie auf jeden Fall eine oder mehrere konkrete Aktionen einplanen, bei denen sich die älteren und jüngeren Kinder etwas näherkommen, z.B. Spiele mit Partnern oder in Kleingruppen, eine Bastelei, bei der die „Großen" helfen können, o.Ä. Falls es etwas zu essen gibt, organisieren Sie einfach gemischte Tische (Erstklässler – Eltern – Paten).

Als ein Beispiel für einen Kennenlern-Nachmittag berichten wir nun vom Sommerfest an unserer Schule:

Zu diesem Fest kommen alle „alten" Schüler, die Lehrer, Horterzieher usw. und natürlich die Eltern. Es findet ein bunter „Jahrmarkt" mit Spielen, Kreativangeboten und kulinarischer Verpflegung statt. Nachdem alle ein bisschen herumgestöbert haben, trifft man sich zu einem gemeinsamen Programm in der Turnhalle, bei dem einige Schüler bzw. Klassen kleine Beiträge zum Besten geben. Die Erstklässler werden allgemein begrüßt, danach ihren zukünftigen (jahrgangsgemischten) Klassen zugeordnet und von ihren Paten in Empfang genommen. Anschließend gehen alle Kinder mit ihrer Lehrerin in ihren neuen Klassenraum. Dort gibt es noch einmal eine Vorstellungsrunde, es wird ein Lied gesungen und dann dürfen die Erstklässler sich einen Button basteln, der ihren Namen und das Klassen-maskottchen *(>> siehe Idee 36)* zeigt. Die Paten helfen ihnen bei Bedarf. Danach gehen die Kinder wieder zu ihren Eltern zurück und können noch weiterfeiern.

 Tipps

Laden Sie alle Familien schriftlich ein und erklären Sie die Funktion dieses Nachmittags. Es handelt sich zwar nicht um eine Pflichtveranstaltung, es wäre aber wünschenswert, wenn möglichst alle teilnehmen.

3 Hurra! Post von der Schule

 Ziel

Die Erstklässler erhalten vor den Sommerferien einen Brief von ihrer neuen Lehrerin mit einer Begrüßung und allen wichtigen Informationen für den Schulstart.

3a. <u>Nur noch so viele Tage bis zum Schulbeginn</u>

Kopiervorlage 3a

 **Ziel**

Die Kinder erhalten von Ihnen einen persönlichen Begrüßungsbrief. Für jeden Tag vom Beginn der Sommerferien bis zu ihrem ersten Schultag enthält der Brief eine Sonne. Er dient also als eine Art Kalender. Jeden Tag können die Kinder eine weitere Sonne anmalen und kommen so Sonne für Sonne ihrem ersten Schultag immer näher.

✂ Material/Vorbereitung

Wenn Sie unsere Kopiervorlage verwenden, tragen Sie auf der Vorlage (3a) noch jeweils in der ersten und letzten Sonne das Aussendedatum und den ersten Schultag ein. Je nachdem, wann bei Ihnen die Einschulung stattfindet, müssen Sie noch Sonnen ergänzen bzw. entfernen. Ergänzen Sie außerdem die fehlenden Angaben (Anrede, Datum, Uhrzeit und Ort der Einschulung) und fügen Sie gegebenenfalls weitere Informationen an das untere Ende des Briefes an. Wenn Sie einen eigenen Brief erstellen möchten, schreiben Sie dem Kind, dass Sie sich schon sehr auf die Einschulung freuen und dass das Kind für jeden Tag, den die Einschulung näher rückt, eine Sonne anmalen darf.

⚙ So geht's

Kopieren Sie die Vorlage für jedes Kind, unterschreiben Sie die Briefe und „ab geht die Post".

⊙ Tipps

Besonders ansprechend werden die Briefe, wenn Sie ein Foto von sich selbst und/oder den Paten auf die Vorderseite kleben.
Statt einer Sonne können Sie natürlich auch ein anderes Symbol verwenden, z.B. eine Schultüte.

3b. Ich packe meine Schultasche

Kopiervorlage 3b

✂ Material/Vorbereitung

Bereiten Sie eine Materialliste vor, auf der Sie alles eintragen, was die Schüler benötigen. Wenn Sie unsere Kopiervorlage (Vorlage 3b) verwenden, tragen Sie auf der Lineatur hinter den Symbolen die gewünschten Materialien ein und kopieren Sie sie für alle Kinder. (Achtung: Es gibt natürlich nicht für jedes Material ein einzelnes Symbol, sondern nur für Oberbegriffe!)

✺ So geht's

Fügen Sie die Liste dem Begrüßungsbrief bei.

☺ Tipps

Es ist durchaus eine Überlegung wert, ob Sie nicht einige Materialien, wie z.B. Schulhefte oder Schnellhefter, selbst im Klassensatz besorgen und dies dann von der Klassenkasse finanzieren. Dann haben Sie auf jeden Fall genau das, was Sie sich vorstellen. Generell ist empfehlenswert, eine kleine Reserve des Verbrauchsmaterials (Zeichenblöcke, Hefte, Bleistifte, Radierer) anzulegen, sodass diese bei Bedarf sofort in der Schule ersetzt werden können. Die Kinder müssen dann nur noch den entsprechenden Betrag von zu Hause mitbringen. Es ist sicher weniger tragisch, wenn Sie einmal auf ein paar Cent warten müssen, als wenn ein Kind mehrere Tage ohne passendes Material überbrücken muss.
Beschreiben Sie in der Liste für die Eltern möglichst genau, mit welchen Materialien Sie arbeiten wollen. So beugen Sie Unsicherheiten der Eltern, Neid der Kinder untereinander und schlimmstenfalls ungeeigneten Arbeitsmaterialien vor. Scheuen Sie sich nicht, auch bestimmte Herstellermarken zu empfehlen.

Überlegen Sie also im Vorfeld gut, was Sie wirklich einsetzen wollen. Hier ein paar Denkanstöße:

≋ Wollen Sie ein Etui bzw. Federmäppchen, in dem jeder Stift seinen festen Platz hat, oder reicht Ihnen ein „Faulenzer", in dem die Stifte lose liegen?

≋ Sollen es Bunt- oder Filzstifte sein und in welchen Farben? Wir empfehlen Buntstifte in Dreiecksform mit rutschsicherer Gummiriffelung in den

Farben rot, gelb, blau, grün, braun und schwarz und 2 Bleistifte derselben Qualität, am besten in HB 2.

≋ Sollen es Stifte mit oder ohne Lackierung sein?

≋ Außerdem werden ein Lineal (kurz oder lang?), ein weicher Radierer und ggf. weitere Stifte benötigt.

≋ Welche Hefte brauchen die Kinder (Anzahl, Größe, Lineatur, Aufgabenheft)? Wollen Sie zusätzlich Schnellhefter (aus Pappe oder Plastik)?

≋ Werden Heft- und Buchumschläge benötigt (eventuell für jedes Unterrichtsfach in einer anderen Farbe)?

≋ Soll der Farbkasten 12 oder 24 Farben enthalten? Bevorzugen Sie einen bestimmten Hersteller? In der Regel reichen 12 Farben aus, weitere können ja ohne Weiteres gemischt werden.

≋ Möchten Sie Haar- oder Borstenpinsel? Und in welcher Stärke? Dazu benötigen die Kinder einen Malkittel (ein altes Hemd reicht aus, sollte aber langärmlig sein), einen Wassertopf (gibt es auch mit Deckel, damit beim Umfallen nicht gleich alles überschwemmt wird), Deckweiß, ggf. einen Karton zum Aufbewahren, einen Zeichenblock (Größe und Blattzahl?) sowie eine Zeichenmappe für fertige Arbeiten (DIN A3), eine Schere, Kleber (flüssig oder als Klebestift? Ohne Lösungsmittel?) und einen Anspitzer (am besten mit Auffangbehälter).

≋ Für die Frühstückspause werden eine Brotdose und eine Trinkflasche oder ein Trinkbecher (falls Sie zum Beispiel eine Wasserkiste in der Klasse deponieren) gebraucht.

≋ Werden in Ihrer Schule Hausschuhe getragen?

≋ Für den Sportunterricht sind ein Turnbeutel mit Hose, T-Shirt und Schuhen (die das Kind selbst zumachen kann!) zu besorgen.

≋ Der Schulranzen sollte breite, gepolsterte und verstellbare Träger sowie Reflektoren haben. Außerdem sollte er nicht zu schwer sein. Eine allgemeine Empfehlung lautet, dass er höchstens 10% des Gewichts des Kindes, das ihn tragen wird, haben darf. Bei einem 6-jährigen Kind ist das schnell überschritten.

3 c. <u>So eine süße Schultüte?</u>

Kopiervorlage 3c

 **Material/Vorbereitung**

Erstellen Sie eine Auflistung mit Ideen, was außer Süßigkeiten in eine Schultüte kommen könnte, z.B. schöne Stifte, kleine Stempel, ein Erstlesebuch … Wenn Sie unsere Kopiervorlage (Vorlage 3c) verwenden, ergänzen oder löschen Sie einzelne Dinge in der Auflistung und kopieren Sie diese für alle Kinder.

 **So geht's**

Fügen Sie die Liste dem Begrüßungsbrief bei.

4 Ein Klassenraum zum Wohlfühlen

Ziel

Der Klassenraum wird schon vor der Ankunft der Erstklässler so hergerichtet, dass sie sich wohlfühlen und willkommen geheißen werden.

Material/Vorbereitung

Je nach Idee: z.B. Blumen, Namensschilder …

So geht's

Wählen Sie eine oder mehrere Anregungen aus und ergänzen Sie diese nach Belieben durch weitere eigene Ideen.

Und hier unsere Vorschläge:

≋ Auf jedem Gruppentisch steht eine Blühpflanze in einem hübschen Übertopf, darunter ein kleines Deckchen oder eine bunte Serviette.

≋ Auf jedem Tisch steht ein persönliches Namensschild, das Sie oder die Paten im Vorfeld gebastelt haben *(>> siehe Idee 20)*.

≋ Die Namen aller Kinder sind mit Fingerfarbe an die Fenster oder mit Kreide an die Tafel geschrieben.

≋ Auf jedem Schülertisch wartet eine kleine Überraschung: eine Süßigkeit, ein Begrüßungsgeschenk *(>> siehe Idee 5)* oder ein Briefchen.

≋ In der Mitte des Sitzkreises steht eine Vase mit einem großen bunten Blumenstrauß. Am Ende des ersten Schultages darf jedes Kind eine der Blumen mit nach Hause nehmen.

≋ Auf der Präsentationsdecke *(>> siehe Idee 18)* liegen verschiedene Dinge, mit denen die Kinder bald arbeiten werden, z.B. Farbkasten, Lernmaterialien, Buchstabenstempel, Turnschuhe usw. Auf diese Weise kommen Sie mit den Kindern auch leicht darüber ins Gespräch, was sie in der Schule alles erwartet.

≋ Stattdessen können Sie an dieser Stelle auch schon Materialien oder ein Beispielexemplar für die erste gemeinsame Arbeit *(>> siehe Idee 7)* bereithalten.

≋ Von selbst sollte sich verstehen, dass der Klassenraum vollständig vorbereitet ist, d.h. alle Möbel sollten vorhanden und alle Lernmaterialien vollständig, unbeschädigt und überschaubar sortiert sein. Auch bzw. besonders Ihr Lehrertisch – da er als Vorbild dient – sollte übersichtlich gestaltet sein.

☺ Tipps

Wenn die Einschulung nicht bereits am ersten Schultag nach den Sommerferien stattfindet, können z. B. die Paten in den ersten Schultagen bei der Herrichtung der Klasse helfen.

5 Begrüßungsgeschenke

❄ Ziel

Jeder Erstklässler erhält eine kleine Überraschung zur Begrüßung, entweder von Ihnen selbst oder von seinem jeweiligen Paten.

5a. <u>Namen-Puzzle</u>

✂ Material/Vorbereitung

Für jeden Schüler eine Streichholzschachtel, für jeden Buchstaben des
jeweiligen Vornamens ein Kärtchen
aus weißer Pappe (etwas kleiner als
die Schachtel), buntes Papier zum
Bekleben und Perlen, Federn usw. zum Dekorieren,
ggf. Bilder aus der Anlauttabelle, Geschenkband.

⚙ So geht's

Die Streichholzschachtel wird rundherum mit
Buntpapier beklebt und nach Belieben weiterverziert.
Falls Sie mit einer Anlauttabelle arbeiten, kann auch das
passende Bild zum Anfangsbuchstaben des jeweiligen Namens aufgeklebt
werden. Jeder Buchstabe des Namens wird einzeln auf ein Kärtchen geschrieben und der Hintergrund farbig gestaltet. Die fertigen Kärtchen
werden in die Streichholzschachtel gelegt. Zum Schluss wird diese mit
Geschenkband verschnürt, damit die Kärtchen nicht herausfallen.

Die Kinder können nun – z.B. in der ersten Schulstunde oder als erste
Hausaufgabe – versuchen, ihren Namen nachzulegen. Auch später können
die Schachteln noch eingesetzt werden:

Welche Wörter können noch aus den Buchstaben eines bestimmten
Namens gelegt werden? Gibt es gleiche Buchstaben bei mehreren
Kindern?

☺ Tipps

Falls Sie die Schachteln alle selbst herstellen, sollten Sie sich die Arbeit
etwas erleichtern. Es gibt im Bastelbedarf Blanko-Streichholzschachteln,
die dann nicht mehr unbedingt beklebt werden müssen. Für die Buchstaben-Kärtchen können Sie auch die Vorlage 7 nutzen, indem Sie sie
auf farbiges Papier drucken und zerschneiden.

5b. Schul-Schatzkiste

 Material/Vorbereitung

Für jedes Kind ein Schuhkarton oder eine schöne Schachtel in ähnlicher Größe, ggf. farbiges Papier.

So geht's

Wenn Sie Schuhkartons verwenden, sollten Sie diese noch mit farbigem Papier bekleben (lassen). Auf jeden Deckel wird noch der Namen des jeweiligen Kindes geschrieben.

Die Kinder können nun im Laufe des Schuljahres alle Dinge in dieser Schatz-kiste sammeln, die ihnen wichtig sind. So haben sie später eine schöne Erinnerung. Wie wäre es, wenn die Kinder sich am Ende des Schuljahres gegenseitig ihre Kisten zeigen bzw. wenn jedes Kind eine Sache auswählt, die es den anderen zeigen und erklären möchte?

Tipps

Überlegen Sie sich, ob Sie im Klassenraum einen Platz für die Kisten finden können, dann werden die Kinder eher dazu angeregt, Dinge zu sammeln, die mit der Schule zusammenhängen. Bei Platzmangel können sie natürlich auch zu Hause aufbewahrt werden.

5c. Begrüßungs-Blume

 Material/Vorbereitung

Für jedes Kind ein Blumentopf aus Ton, Blumenerde, Blumensamen, ggf. Acryllack und Namensetiketten.

So geht's

Die Paten können die Tontöpfe farbig gestalten, z.B. mit dem Namen ihres Patenkindes. Wenn Sie alle Töpfe alleine vorbereiten, reicht auch ein aufgeklebtes Namensetikett. Anschließend wird Blumenerde eingefüllt und die Samen werden eingesetzt.

 Tipps

Wenn die Töpfe in der Schule bleiben, kann jedes Kind seine Pflanze selbst pflegen. Jedes Kind übernimmt so gleich Verantwortung für seine neue Umgebung.

6 Das ist mein Platz

 Ziel

Jedes Kind findet seinen eigenen Sitzplatz.

 Material/Vorbereitung

Fertigen Sie einen Sitzplan Ihres Klassenraumes an, in den Sie alle Kinder eintragen können. Für jedes Kind benötigen Sie ein Namensschild *(>> siehe auch Idee 20),* außerdem einen CD-Spieler und ruhige Musik, Sitzkissen o.Ä.

So geht's

Auf jedem Tisch steht ein Namenskärtchen. Alle Kinder befinden sich im Sitzkreis. Besprechen Sie dort an einigen Beispielen diese Kärtchen (z.B. wenn Sie ein Anlautbild enthalten) oder erfragen Sie, welche Kinder schon ihren Namen lesen/schreiben können. Dann sehen Sie gleich, wer noch Hilfe benötigt. Zu ruhiger Musik können sich alle Kinder schleichend im Raum bewegen. Wer sein Namensschild gefunden hat, setzt sich auf den passenden Stuhl. Schön wäre es auch, wenn dort schon etwas liegt, mit dem sich die Kinder beschäftigen können, z.B. ein Begrüßungsgeschenk. Damit es nicht zu chaotisch wird, können Sie immer nur einige Kinder gleichzeitig aufstehen lassen. Sobald die ersten ihren Platz gefunden haben, dürfen weitere Kinder losgehen.

Tipps

Da die Kinder an den Tischen ihre Stühle benötigen, ist es am einfachsten, wenn Sie im Sitzkreis Kissen oder Teppichfliesen verwenden. Falls Sie jedoch einen Stuhlkreis bevorzugen, sollten Sie auf jeden Fall genau besprechen bzw. demonstrieren, wie die Stühle getragen werden, damit sich niemand verletzt.

Eine andere Möglichkeit, den Kindern ihre Plätze zuzuweisen, ist folgende: Die Kinder bleiben zunächst im Sitzkreis und Sie selbst gehen von Tisch zu Tisch und rufen die betreffenden Kinder zu sich.

Was sollte man im Vorfeld bei der Verteilung der Sitzplätze beachten? Wenn Sie eine jahrgangsgemischte Klasse haben und vielleicht sogar die älteren Schüler Patenschaften übernommen haben, sollten Sie auch die Sitzplätze altersgemischt verteilen, jedoch gleichzeitig so, dass mindestens zwei Erstklässler gemeinsam an einem Gruppentisch sitzen.

Bei einer jahrgangshomogenen Klasse sollten sowohl bestehende Freundschaften bzw. Bekanntschaften berücksichtigt werden, als auch fremde Kinder zusammensitzen. Vergleichen Sie dazu die besuchten Kindergärten und die Wohngebiete anhand der Schülerakten.

Wichtig ist auch, dass Rechts- und Linkshänder sich nicht ins Gehege kommen. Sie würden sich gegenseitig beim Schreiben behindern, wenn der Rechtshänder links vom Linkshänder sitzt.

 **7** Die erste Arbeit

 **Ziel**

Am ersten Schultag fertigen die Kinder eine Arbeit an, die direkt aufgehängt werden kann, und die Kinder am zweiten Schultag in der Klasse erwartet.

7a. Meine Schultüte

 **Material/Vorbereitung**

Quadratische Papiere in verschiedenen hellen Farben (können Sie aus Blättern im DIN-A4-Format schneiden).

✿ So geht's

Jedes Kind wählt ein Papier aus. Die Farbe sollte seiner Schultüte in etwa entsprechen. Falls das nicht möglich ist, kann sehr gut weißes Papier farbig angemalt werden.

Demonstrieren Sie den Kindern, wie die Tüten gefaltet werden. Zuerst wird einmal diagonal geknickt und die Faltlinie gut mit dem Daumennagel nachgefahren. Dann wird das Papier wieder geöffnet. Die beiden Ecken links und rechts der Faltlinie werden nun zur Mitte geknickt und wieder mit dem Daumen nachgestrichen.

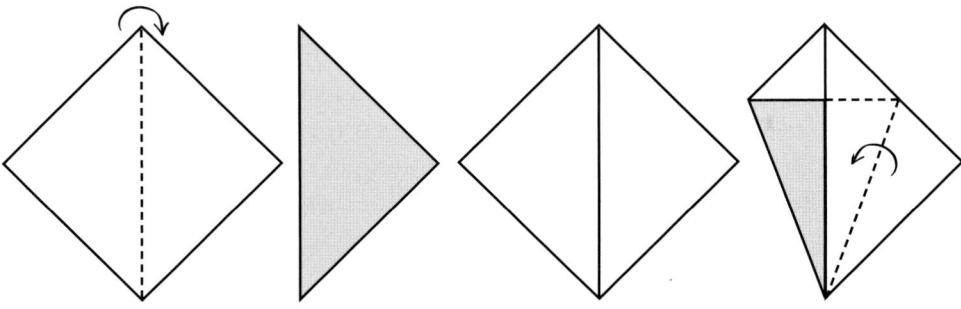

Auf die Vorderseite malt jedes Kind seine Schultüte von außen. Auf der Innenseite kann es den Inhalt seiner Tüte aufmalen oder aufschreiben.

↻ Tipp

Das Bemalen der Schultüte eignet sich auch hervorragend als erste Hausaufgabe.

7b. <u>Mein Anfangsbuchstabe</u>   **Kopiervorlage 7**

✂ Material/Vorbereitung

Sie benötigen für jedes Kind eine DIN-A5-Vorlage mit seinem Anfangsbuchstaben. Dazu können Sie unsere Vorlage 7 vergrößern.

 So geht's

Die Kinder können den Buchstaben nach ihren persönlichen Vorstellungen farbig ausmalen. Wer es schon kann, malt Dinge in den Umriss, die mit demselben Anlaut wie der Name beginnen.

Tipps

Besprechen Sie mit den Kindern vorher, welche Dinge denselben Anlaut haben.

Eine weitere schöne und gleichzeitig nützliche erste Aufgaben ist die Gestaltung von Namensschildern *(>> siehe Idee 20)*. Auch die *>> Idee „Das kann ich schon" (24)* kann gut als erste Arbeit eingesetzt werden.

Falls Sie selbst sich eine andere erste Arbeit ausdenken möchten, achten Sie jedoch bei der Auswahl darauf, dass möglichst wenig neue Materialien benutzt werden und auch nur kurze Erläuterungen notwendig sind. Ansonsten können die Kinder schnell überfordert werden, da der erste Schultag ja schon aufregend genug und voller neuer Dinge ist.

8   Der Ernst des Lebens

 Ziel

Die Kinder malen bzw. schreiben ihre Erwartungen an die Schule auf. Am Ende des Schuljahres können Sie dieses mit den tatsächlichen Erlebnissen vergleichen.

✂ Material/Vorbereitung

Für jedes Kind ein DIN-A5-Papier mit einer Denkblase und ein Plakat zum Aufkleben aller fertigen Exemplare; ggf. das Buch „Der Ernst des Lebens" (siehe Literatur- und Internettipps, S. 239).

⚙ So geht's

Besonders schön und anschaulich wird diese Aktivität, wenn Sie vorher den Kindern das Buch vorlesen und gemeinsam darüber sprechen. Aber selbstverständlich geht es auch ohne.

Fragen Sie die Kinder, was sie glauben, was sie in ihrem ersten Schuljahr alles in der Schule lernen und machen werden. Ziehen Sie ggf. den Bogen zu außerunterrichtlichen Aspekten, wie z.B. neue Freunde finden oder auf dem Schulhof spielen.

Nun bekommt jedes Kind eine Denkblase und darf darin seine Vorstellungen und Erwartungen – je nach Können und Belieben – aufmalen oder aufschreiben. Am Ende sollten alle Kinder die Möglichkeit haben, ihre Denkblase den neuen Mitschülern zu erklären.

Aus allen Ideen gemeinsam wird ein Plakat gestaltet, das in der Klasse aufgehängt wird. Am Ende des Schuljahres werden in einem Rückblick Vorstellungen und Realität miteinander verglichen.

☺ Tipps

Gestalten Sie doch selbst auch eine Denkblase! Es ist spannend und interessant zu sehen, wie sich die Vorstellungen nach einem Jahr entwickelt haben.

alle Kinder können lesen und schreiben

die Schüler arbeiten selbstständig und können sich schon erste eigene Lernziele setzen

ich kann mich in meiner Rolle als Lehrerin immer mehr zurücknehmen und zum Lernbegleiter werden

die Rituale sind etabliert, sodass viele Abläufe „ohne Worte" funktionieren

die Klasse ist zu einer festen Gemeinschaft herangewachsen

„Am Montag um acht“

Den Tag, die Woche und das Jahr strukturieren

Die Neuankömmlinge sind mit offenen Armen empfangen und mit einem aufregenden und ereignisreichen ersten Schultag begrüßt worden.
Doch wie geht es nun weiter?

Vorhersehbare Abläufe, verlässliche Strukturen und gemeinschaftliche Rituale bilden die Grundlage dafür, dass die Schulanfänger sich schnell in der neuen Umgebung zurechtfinden und sich heimisch fühlen in „ihrer" Klasse.

Sie bieten den Kindern von Anfang an einen „Anker" innerhalb der vielen neuen Eindrücke und Aufgaben, da die Kinder schneller durchschauen, was als Nächstes ansteht und wie bestimmte Dinge ablaufen.

Im weiteren Verlauf des Schuljahres wird ein effektives und reibungsloses Arbeiten unterstützt. Die Kinder können sich besser auf ihre eigentliche Lernarbeit konzentrieren, weil sie über viele Abläufe gar nicht mehr nachdenken müssen: Sie haben sich im Lauf der Zeit automatisiert. Sie als Lehrerin ersparen sich außerdem lange Erklärungen oder gar Diskussionen.

Der Gedanke „Das machen wir immer so" fördert zudem ganz selbstverständlich das Gemeinschaftsgefühl der Kinder untereinander.

Im folgenden Kapitel haben wir Ideen zur Begrüßung und Verabschiedung, zur Strukturierung von Tag, Woche, Monat und Jahr sowie zur Gestaltung von Morgen- und Gesprächskreisen für Sie zusammengetragen.

 **9** **Rituale zur Begrüßung und Verabschiedung**

 **Ziel**

Die Begrüßung soll die Kinder zur Ruhe bringen und sammeln, sie aber auch motivieren und „aufwecken". Wir zeigen ihnen, dass sie willkommen sind. Mit der Verabschiedung runden wir den Schultag ab. Die Kinder sollen ihn als gelungen empfinden und sich auf den nächsten freuen. Die Kinder lernen, wie sie auch im außerschulischen Alltag jemanden freundlich und angemessen begrüßen und verabschieden können.

9 a. Ich schüttle dir die Hand

 **Ziel**

Jedes Kind wird im wahrsten Sinne des Wortes eigenhändig von der Lehrerin begrüßt bzw. verabschiedet und fühlt sich dadurch persönlich wahrgenommen.

✂ **Material/Vorbereitung**

──

🎇 **So geht's**

Halten Sie sich schon vor Beginn der Stunde im Klassenraum auf – am besten in der Nähe der bzw. mit Blickkontakt zur Tür, damit Sie keinen Neuankömmling verpassen. Begrüßen Sie jedes Kind, indem Sie ihm in die Augen schauen, ihm die Hand schütteln und es mit seinem Namen anreden „Guten Morgen, ..." Bitten Sie ggf. das Kind, Ihnen zu antworten und Sie auch anzuschauen.
Die Verabschiedung verläuft ebenso.

☺ **Tipp**

Viele Kinder haben Probleme damit, jemanden direkt anzuschauen. Zwingen Sie kein Kind dazu, Sie würden nur Verlegenheit und Widerstand hervorrufen. Für viele Kinder wird die Situation leichter, wenn Sie diese mit einem kleinen Scherz auflockern. Wir sagen z.B. zu Kindern, die uns nicht ansehen: „Sehe ich heute Morgen wieder so fürchterlich aus?" Dann müssen eigentlich alle Kinder schmunzeln, wenn nicht gar lachen, und wagen auch einen Blick.

9b. Meine Hand in deiner Hand

 Ziel

Alle begrüßen sich gemeinsam. Die Kinder kommen zur Ruhe und bauen ein Gefühl der gemeinsamen Verbundenheit auf.

 Material/Vorbereitung

—

So geht's

Im Sitzkreis fassen sich alle Kinder an den Händen. Zur Begrüßung wird gemeinsam gesprochen: „Wir wünschen uns einen guten Morgen!" Dabei können die Hände leicht geschüttelt werden. Die Verabschiedung verläuft mit den Worten „Wir wünschen uns noch einen schönen Tag. Auf Wiedersehen!"

Tipp

Wenn Sie besonderen Wert darauf legen, dass die Kinder zu Beginn der Stunde zur Ruhe kommen, ist es schön, wenn Sie diese Begrüßung ohne viele Worte durchführen. Zum Beispiel so:
Auf ein vorher vereinbartes Stillezeichen werden alle Kinder leise. Erst wenn niemand mehr ein Geräusch macht, beginnen Sie selbst die Kinder, die neben Ihnen sitzen, an den Händen zu fassen. Erfahrungsgemäß dauert es gar nicht lange, bis alle Kinder dies nachmachen und der Kreis geschlossen wird.
Was aber, wenn ein Kind ein anderes nicht anfassen möchte?

In solchen Situationen bedarf es Fingerspitzengefühl. Es soll zwar niemand zum Körperkontakt gezwungen werden. Es ist aber weder schön, noch akzeptabel, dass ein Kind nicht mit einbezogen wird. In einigen Fällen wird man die Situation dadurch retten können, dass man einfach zwei Kinder die Plätze tauschen lässt. Vielleicht lässt sich das zunächst unwillige Kind auch überzeugen, seinen Nachbarn anzufassen, wenn man ihm versichert, dass es nur für kurze Zeit ist und es doch schön wäre, wenn jeder mit allen anderen verbunden ist.

9c. <u>Einen Gruß weitergeben</u>

 **Ziel**

Jedes Kind begrüßt bzw. verabschiedet einen Mitschüler. Es werden verschiedene Möglichkeiten der Begrüßung und Verabschiedung eingeübt.

 **Material/Vorbereitung**

—

So geht's

Bilden Sie mit ihren Schülern einen Sitzkreis. Am besten beginnen Sie selbst die Übung, dann können Sie die Art der Begrüßung festlegen (Hände schütteln, winken, „Guten Morgen" bzw. „Auf Wiedersehen" sagen ...) und vorgeben, wie sie ausgeführt werden soll.
Auf diese Weise begrüßen Sie das Kind, das rechts neben Ihnen sitzt. Dieses wiederum begrüßt seinen rechten Sitznachbarn usw., bis der Gruß wieder bei Ihnen ankommt. So ist jedes Kind persönlich begrüßt worden und hat jemand anderen begrüßt.
Die Verabschiedung wird analog durchgeführt.

Tipp

Diese Begrüßungsform eignet sich auch als Stilleübung, wenn Sie einen nonverbalen Gruß (z.B. Händeschütteln) auswählen.

9 d. Begrüßungs- und Verabschiedungslose

✳ Ziel

Siehe „Einen Gruß weitergeben"

✂ Material/Vorbereitung

Eine Schachtel mit Namenskärtchen (bzw. Passfotos) aller Kinder

⚙ So geht's

In der Mitte des Sitzkreises steht die „Los-Trommel". Beginnen Sie selbst, so können Sie die Art der Begrüßung vorgeben. Ziehen Sie ein Kärtchen, lesen den Namen laut vor und gehen Sie zu dem betreffenden Kind. Nachdem Sie es begrüßt haben, fordern Sie es auf aufzustehen und setzen sich auf seinen Platz. Das Kind geht nun in die Mitte, zieht ein neues Los und begrüßt das nächste Kind usw.
Die Verabschiedung wird analog durchgeführt.

⊘ Tipp

Es können noch nicht alle Kinder lesen? Legen Sie statt der Namenskärtchen einfach Passfotos der Kinder in die Schachtel. Oder bestimmen Sie zu An-fang zwei „Vorleser", die die betreffenden Kinder um Hilfe bitten können. Wenn noch nicht alle Namen so geläufig sind, könnte es sein, dass einige Kinder in Verlegenheit geraten. Dem können Sie vorbeugen, wenn das Kind, dessen Name vorgelesen wurde, von selbst aufsteht.

9 e. Begrüßungs-Stopp-Tanz

✳ Ziel

Mit diesem Bewegungsspiel üben die Kinder eine Form der persönlichen Begrüßung bzw. Verabschiedung ein.

Material/Vorbereitung

CD-Spieler und Musik-CD

So geht's

Die Kinder stehen locker in der Klasse verteilt. Sobald die Musik startet, bewegen sie sich frei im Raum. Stoppt die Musik, bleibt jedes vor dem Kind stehen, das ihm am nächsten ist. Dann wird das Begrüßungs- bzw. Verabschiedungsritual durchgeführt, z.B.: den anderen ansehen, „Guten Morgen ..." bzw. „Auf Wiedersehen ..." sagen und die Hände schütteln. Wenn die Musik wieder erklingt, gehen alle weiter. Auf diese Weise können beliebig viele Durchgänge gemacht werden.

Tipp

Es gibt immer wieder Kinder, die bei solchen freien Bewegungen im Raum dazu neigen, zu wild und zu laut zu sein, sodass die Situation leicht aus dem Ruder gerät. Besprechen Sie daher vorher ganz klare Regeln: z.B. „Während die Musik spielt, berühren wir kein anderes Kind." Oder: „Wenn die Musik spielt, schleichen wir und sind stumm."

Die Art der Begrüßung bzw. Verabschiedung sollten Sie vorher schon einmal mit den Kindern z.B. im Morgenkreis demonstriert haben, damit allen ganz genau klar ist, was zu tun ist. Sie können die einzelnen Schritte auch nummerieren:

1. in die Augen schauen,

2. „Guten Morgen ..." bzw. „Auf Wiedersehen ..." sagen

3. Hände schütteln

Dann können Sie beim Spiel die Bewegungen auch anzählen.
Ganz wichtig ist es außerdem, zu klären, wie man jemandem die Hände schüttelt, ohne ihm weh zu tun. Denn einige Kinder sind – oft aus Verlegenheit – in solchen Dingen zu ungestüm.

Sie können natürlich auch einen Verabschiedungs-Stopp-Tanz veranstalten.

 **Anfangsmusik**

 Ziel

Beim offenen Unterrichtsbeginn zeigt ein Musikstück den Schülern, dass in wenigen Minuten der Unterricht beginnt. Sie haben Zeit, angefangene Spiele, Gespräche und Aufgaben zu beenden und aufzuräumen.

 Material/Vorbereitung

CD-Spieler und Musik-CD (z.B. mit ruhiger klassischer oder Entspannungsmusik)

 So geht's

Etwa 5 Minuten, bevor Sie gemeinsam mit den Kindern zu arbeiten beginnen möchten, stellen Sie die Musik an.
Wenn das Musikstück zu Ende ist, sollen alle Kinder – je nach Vereinbarung – an ihrem Platz bzw. im Stuhlkreis sitzen.

↻ Tipp

Wie können Sie die Anfangsmusik einführen?
Sie könnten beim ersten Mal die Musik einfach einschalten, selbst aufräumen und sich mit Ihrem Stuhl an die Stelle setzen, an der Sie den Morgenkreis machen möchten. Nach und nach werden Kinder beginnen, Sie nachzuahmen.

Was ist, wenn Kinder das Signal immer wieder missachten?
Versuchen Sie zuerst herauszufinden, woran das liegt. Kann das Kind vielleicht einfach die verbleibende Zeit nicht einschätzen? Dann empfiehlt es sich, mit den Kindern zu besprechen, wie viel Zeit sie zum Aufräumen haben und das z.B. auf der Klassenuhr zu zeigen. Sie können aber auch für das betreffende Kind einen „Erinnerer" ernennen, der ihm hilft, die Zeit einzuhalten.

Analog zur Anfangsmusik können Sie auch eine Schluss-Musik spielen. Klären Sie im Vorfeld mit den Kindern, was diejenigen machen sollen, die ihre Aufgabe beendet und aufgeräumt haben, und vereinbaren Sie klare

Regeln wie: „Wer fertig ist, sitzt an seinem Platz und schweigt." Ansonsten kann es schnell passieren, dass Kinder einfach aus dem Klassenraum hinauslaufen oder anfangen zu toben.

Offener Anfang mit System

 **Ziel**

Die Kinder erhalten eine Auswahl an Arbeitsmaterialien bzw. Aufgaben, die sie während der offenen Anfangsphase nutzen können.

✂ Material/Vorbereitung

Sie benötigen jeweils eine Kiste für die Lernfelder „Schreiben", „Lesen" und „Rechnen", gefüllt mit je fünf bis sieben Arbeitsmaterialien. Stellen Sie Lernmaterial zusammen, das die Kinder selbstständig bearbeiten können, ohne dass Sie selbst es erst noch ausführlich erklären müssen.
Tauschen Sie gegebenenfalls nach einiger Zeit die Materialien (teilweise) aus, um neue Anreize zu schaffen und dem Lernzuwachs der Kinder gerecht zu werden.

☸ So geht's

Kinder, die in den Klassenraum kommen, können sich aus den Kisten ein Lernmaterial aussuchen und bearbeiten. Am Ende dieser Phase wird das Material wieder zurückgelegt.
Die Kisten können auch sehr gut als Differenzierungsmaßnahme genutzt werden. Kinder, die eine gemeinsame Aufgabe im Unterricht bereits beendet haben, müssen Sie nun nicht mehr löchern („Was soll ich denn jetzt machen?"), sondern nehmen sich einfach etwas aus der Kiste, bis auch die anderen Kinder fertig sind.

↻ Tipps

Die Kisten sollten an zentraler Stelle im Klassenraum stehen, zum Beispiel dort, wo Sie später gemeinsam den Morgenkreis abhalten. Das hat den

Vorteil, dass die Kinder nach dem Aufräumen schon vor Ort sind und quasi automatisch in den Kreis kommen.

Klären Sie mit den Kindern auf jeden Fall deutlich, ob die Kisten lediglich ein mögliches Angebot darstellen und die Kinder sich auch mit etwas anderem beschäftigen können oder ob jedes Kind auf jeden Fall etwas aus einer Kiste machen muss.

Helfen Sie den Kindern bei der Auswahl eines geeigneten Materials, indem Sie zum Beispiel Kisten und Inhalt so kennzeichnen, dass die Kinder direkt erkennen, um welches Unterrichtsfach es sich handelt. Das können Farben oder auch Symbole sein. Dies erleichtert auch das Aufräumen.

Eine weitere Möglichkeit ist, den Schwierigkeitsgrad zu verdeutlichen: ein Klebepunkt steht für leichte Aufgaben, zwei Punkte erhalten Materialien mit mittlerem Schwierigkeitsgrad und drei Punkte kennzeichnen anspruchsvolle Aufgaben.

Sie können natürlich euch eine Kiste einrichten für Sachthemen, für kreative Aufgaben aus dem Bereich Kunst oder auch für ein aktuelles Projekt.

12 Und was kommt jetzt?

 **Ziel**

Die Kinder erhalten einen Überblick über den Ablauf des Schultages und der Schulwoche. Sie erkennen, an welcher Stelle Sie sich gerade befinden und was als Nächstes ansteht.

12a. Beweglicher Tagesplan

 **Material/Vorbereitung**

Sie benötigen Karten für die Aktivitäten des Tages (z.B. Morgenkreis, Unterrichtsfächer, Pause; einen Tipp für fertige Karten finden Sie bei den Literatur- und Internettipps auf S. 239) und einen Papppfeil mit der Aufschrift

„Das machen wir gerade", außerdem Material zur Befestigung. Es eignet sich z.B. Magnetband von der Rolle, das mit der Schere zurechtgeschnitten werden kann. Dann können Sie die Karten an der Klassentafel aufhängen. Am besten reservieren Sie eine feste Spalte auf der Tafel, die sie nicht mit anderen Informationen beschriften. Sie können aber auch Klettband auf die Rückseite der Kärtchen kleben. Dann haften sie entweder an einer Filztafel oder an einem Brett, auf dem Sie ebenfalls Klettband befestigt haben.

✧ So geht's

Geben Sie Ihren Kindern zu Beginn des Schulvormittages einen Überblick über die einzelnen Aktivitäten, die heute anstehen. Sie können den Tagesablauf z.B. im Morgenkreis besprechen und nach und nach für jede Tätigkeit das passende Kärtchen aufhängen. Die Liste sollte den ganzen Tag

Sachunterricht

über hängen bleiben, sodass sie von allen Kindern gut gesehen werden kann. Zur besseren Orientierung wird der „Das machen wir gerade"-Pfeil immer neben das aktuelle Kärtchen gehängt. Der Pfeil verdeutlicht gleichzeitig, was als Nächstes ansteht und wie viele verschiedene Aktivitäten an diesem Tag noch folgen werden.

☺ Tipp

Es empfiehlt sich generell eine Kombination aus Symbol und Schrift, sodass sowohl die Kinder, die schon lesen können, als auch diejenigen, die noch üben, die Bedeutung der Karten verstehen können.

Wenn die Kinder die Karten schon besser kennen, können Sie auch ein Kind damit beauftragen, während der Tagesplanbesprechung die jeweils passende herauszusuchen. Falls Sie Klassenämter verteilen, können Sie auch ein „Tagesplan"-Amt einführen. Das betreffende Kind ist dann gleichzeitig dafür verantwortlich, dass der Pfeil immer neben die gerade aktuelle Aktivität geheftet wird.

Falls Sie schon anderweitig Symbole verwenden, z.B. für den Stundenplan der Kinder, die Kennzeichnung der Schülerhefte oder für die verschiedenen Unterrichtsfächer, dann sollten Sie dieselben für die Tagesplan-Kärtchen benutzen. Das erleichtert die Orientierung und das Kennenlernen der Zeichen.

12 b. Stundenplan mit Symbolen

⚹ Ziel

Der Stundenplan wird für die Kinder von Anfang an „lesbar".

✂ Material/Vorbereitung

Sie benötigen einen Blanko-Stundenplan, Symbole für die einzelnen Unterrichtsstunden und gegebenenfalls Uhrsymbole. Tragen Sie in den Stundenplan wie gewohnt die Namen der einzelnen Unterrichtsfächer ein. In jedes Feld kleben oder zeichnen Sie zusätzlich ein passendes Symbol, z.B. einen Stift für „Schreiben" oder einen Ball für „Sport". Die Spalte mit der Uhrzeit erhält kleine Uhren, auf denen die Zeit abgelesen werden kann.
Kopieren Sie den Stundenplan für jedes Kind. Idealerweise stellen Sie auch einen größeren Stundenplan für den Klassenraum her.

⚙ So geht's

Am besten führen Sie den Stundenplan anhand des großen Exemplars für den Klassenraum ein. Schauen Sie den Plan gemeinsam mit den Kindern an. Wer findet heraus, was die Zeichen bedeuten?
Für zu Hause erhalten die Kinder jeweils ihren persönlichen kleinen Plan.

12 c. Klassenuhr

⚹ Ziel

Die Kinder erhalten einen Überblick darüber, wie lange eine gemeinsame Aktivität oder eine individuelle Aufgabe dauern wird. Sie lernen, die Uhr zu lesen, und erhalten nach und nach ein Gefühl für die Dauer von Zeitspannen („Wie lang sind denn überhaupt fünf Minuten?").

✂ Material/Vorbereitung

Sie benötigen eine funktionstüchtige Wanduhr sowie eine große Lernuhr und gegebenenfalls kleine Uhren (z.B. aus Pappe) mit leicht verstellbaren Zeigern für einzelne Schüler. Hängen Sie Wand- und Lernuhr so in der Klasse auf, dass alle sie gut sehen können. Außerdem sollten Sie zumindest die Lernuhr gut erreichen können, da Sie diese immer wieder verstellen müssen.

 So geht's

Wenn Sie beispielsweise den Kindern einen Arbeitsauftrag gegeben haben, kündigen Sie an, wie lange sie dafür Zeit haben, z.B. zehn Minuten. Sehen Sie sich mit den Kindern die Klassenuhr an: „Wo steht nun der Minutenzeiger?" Dann stellen Sie die Lernuhr ein: „So sieht die Uhr aus, wenn ihr mit der Aufgabe fertig sein sollt!" Dabei können vielleicht schon einige Kinder helfen.

Während der Arbeitsphase können die Kinder immer wieder kontrollieren, wie viel der vorgegebenen Zeit schon verstrichen ist und wie viel Zeit ihnen noch bleibt.

 Tipp

Anfangs wird der vorgegebene Zeitraum trotzdem für die Kinder noch nicht wirklich überschaubar sein. Sie können ihnen eine weitere Unterstützung bieten, wenn Sie nach der Hälfte der Zeit z.B. ein akustisches Signal geben. Die Kinder liegen dann gut in der Zeit, wenn sie nun auch die Hälfte der Aufgabe erledigt haben.

Die Klassenuhr kann auch einem Kind helfen, das sehr langsam arbeitet bzw. sich gerne in Nebensächlichkeiten verzettelt oder sehr lange benötigt, um eine Arbeit anzufangen. Geben Sie diesem Kind eine eigene kleine Uhr. Besprechen Sie mit ihm, wie lange es für eine Aufgabe benötigen darf, z.B. für das Aufräumen oder für eine Aufgabe vom Wochenplan o.Ä. Stellen Sie dann gemeinsam die Uhr. Anfangs helfen kurze Intervalle von fünf bis zehn Minuten, nach denen Sie noch einmal mit dem Kind sprechen.

13 Welcher Tag ist heute?

⋇ Ziel

Die Kinder lernen die Namen und die Abfolge der Wochentage und orientieren sich innerhalb der Woche.

13 a. „Heute ist Zungenbrecher-Tag"

 ## Ziel

Der Ablauf der Schulwoche wird den Kindern verdeutlicht, indem jedem Wochentag eine andere – wöchentlich wiederkehrende – Aktivität zuge-ordnet wird.

Material/Vorbereitung

Sie benötigen Kärtchen mit den Wochentagen sowie Kärtchen mit den jeweiligen Aktivitäten, sowie je nachdem, was Sie an den einzelnen Wochentagen vorhaben, passendes Material.

So geht's

Besprechen Sie – am besten an einem Montag – zunächst mit den Kindern die Abfolge der Wochentage. Wie wäre es mit einer der drei folgenden Einstiegsmöglichkeiten?
Legen Sie die Kärtchen mit den Wochentagen im Kreis aus und lassen Sie die Kinder versuchen, die Wörter zu erlesen und zu ordnen.

Oder:

Verteilen Sie die Kärtchen an sieben Kinder und fordern Sie diese auf, sich in der richtigen Reihenfolge aufzustellen.

Oder:

Hängen Sie die Kärtchen für alle gut sichtbar im Klassenraum auf. Führen Sie nun gemeinsam die Aktivität für den aktuellen Tag durch und hängen Sie das entsprechende Wort-/Symbolkärtchen zu dem Wochentag.
An jedem der folgenden Wochentage wird dann ein weiteres Ritual eingeführt und im Wochenrhythmus wiederholt.

Tipp

Hier einige Beispiele aus unserer Praxis:

Erzählkreis vom Wochenende, Morgengebet, Zungenbrecher-Tag (gemein-sam einen Zungenbrecher lernen), „Was ist was?"-Tag (zusammen die Bedeutung eines besonderen Wortes im Lexikon nachschlagen und den Begriff klären), eine Geschichte vorlesen und besprechen, besondere Schülerarbeiten präsentieren (siehe auch Kapitel 10), „Kopfnuss" (ein Rätsel oder eine kopfgeometrische Aufgabe lösen), „Hoch der Woche" (jedes Kind darf eine Sache nennen, die für ihn in dieser Woche besonders schön oder wichtig war) ...

Verlässliche Strukturen sind zwar wichtig, d.h. aber nicht, dass Sie nicht auch im Laufe des Schuljahres die eine oder andere Aktivität austauschen können. Irgendwann fallen Ihnen vielleicht keine neuen Zungenbrecher mehr ein oder die Idee ist abgenutzt und begeistert die Kinder nicht mehr. Dann ist es Zeit für etwas Neues!

Ein kleiner Stolperstein bei der Abfolge der Wochentage mag am Anfang das schulfreie Wochenende sein. Thematisieren Sie einfach am Montag, warum Sie die Kärtchen für Samstag und Sonntag übersprungen haben. Lassen Sie die Kinder berichten, was sie so für gewöhnlich am Wochenende machen. Kinder, die Lust dazu haben, können ein eigenes Bildkärtchen dazu herstellen, das dann auch aufgehängt wird.

13 b. <u>Today is Monday</u>

❄ Ziel

Es werden einzelne Wörter und kurze Redewendungen in verschiedenen Sprachen erlernt.

✂ Material/Vorbereitung

Wenn Sie möchten, können Sie Landesflaggen auf DIN-A5-Papier kopieren oder von einigen Kindern als freiwillige Hausaufgabe vorbereiten lassen.

 So geht's

Jedem Wochentag wird eine bestimmte Sprache zugeordnet. Es wäre schön, wenn Sie zu jeder ausgewählten Sprache eine passende Landesflagge hätten. Hängen Sie dann jeden Tag die aktuelle Flagge auf. Dieses Amt kann auch ein Kind übernehmen. Tun Sie jeden Tag etwas in dieser Sprache, z.B. sich begrüßen und verabschieden, die passende Strophe von „Bruder

Jakob" oder ein komplettes Lied singen, ein neues Wort lernen (dasselbe Wort jeden Tag in einer anderen Sprache), zählen ...

 **Tipp**

Nutzen Sie die Sprachen, die die Kinder in Ihrer Klasse sprechen.

14 Dreihundertfünfundsechzig Tage sind ein Jahr

 **Ziel**

Die Kinder lernen die Namen der Monate und deren Abfolge kennen und orientieren sich anhand wichtiger Ereignisse im Jahreslauf.

14 a. Monatskisten

 **Ziel**

Die Kinder gewinnen Einsicht in die Einteilung des Jahres in zwölf Monate, deren Abfolge, ihre Zuordnung zu den Jahreszeiten sowie die Anzahl der Tage der verschiedenen Monate. Außerdem werden den Monaten typische Ereignisse (wie z.B. Veränderungen in der Natur) und individuelle Erlebnisse (z.B. der Wandertag) zugeordnet.

 **Material/Vorbereitung**

Sie benötigen zwölf (möglichst gleich große) Schuhkartons mit Deckel, Kärtchen mit den Monatsnamen, den Jahreszeiten sowie den Zahlen von eins bis zwölf, außerdem für jeden Monat eine Perlenschnur, die der Anzahl der Tage entspricht oder alternativ ein Kärtchen mit der passenden Anzahl an Klebepunkten
Besonders schön und anschaulich ist es, wenn die Schuhkartons in unterschiedlichen Farben angemalt bzw. mit Papier beklebt sind, sodass sich ein

Farbverlauf von Januar bis Dezember ergibt: Die Wintermonate erhalten Blautöne, der Frühling ist Grüntöne, der Sommer Gelbtöne und der Herbst Rottöne.

🜰 So geht's

Ideal ist es, wenn Sie am Anfang des Jahres die Monatskisten einführen. Ihre Schüler werden bestimmt beeindruckt sein, wenn Sie zwölf leere Kisten mitbringen und den Kindern ankündigen, dass Sie es bis zum Ende des Jahres schaffen, sie gemeinsam zu füllen.

Besprechen Sie mit den Kindern, warum Sie ausgerechnet zwölf Kisten mitgebracht haben. Sammeln Sie mit den Kindern bekannte Monatsnamen und versuchen Sie, sie mit Hilfe der Kärtchen in die richtige Reihenfolge zu bringen. Es ergibt sich automatisch das Problem, wo man anfangen soll. Die Anordnung im Kreis bietet sich als Lösung an und verdeutlicht gleichzeitig den ewigen Kreislauf der Monate und Jahreszeiten.

Es kann auch gleich losgehen, wenn Sie die Kinder erzählen lassen, was sie in den Weihnachtsferien (Achtung: Erst ab Neujahr!) erlebt haben. Vielleicht können dadurch schon ein paar Gegenstände gesammelt werden.

Die Kiste für den aktuellen Monat sollte am besten immer griffbereit sein, also zum Beispiel zum Morgenkreis mitgebracht werden, dann können Sie, wenn Sie mit den Kindern über besondere Ereignisse sprechen, immer gleich überlegen, was in die Kiste gelegt werden könnte. Hier eine paar Anregungen:

Gegenstände, Fotos, gemalte Bilder, Wortkärtchen und Kindertexte zu Festen im Jahreslauf (Ostern, Erntedank, Weihnachten, Karneval, ...), zu gemeinsamen Aktionen der Klasse (Klassenfeste und -fahrten, Projekte, ...) zu individuellen Erlebnissen der Kinder (Geburtstag, Urlaubsmitbringsel, ...). Auch Themen wie das Wetter, das Pflanzenwachstum oder das Leben heimischer Tiere lassen sich gut in die Arbeit mit den Monatskisten integrieren.

Außerdem können Sie natürlich mit den Kindern die Struktur des Jahres erarbeiten, indem Sie die Kärtchen und Perlenketten einander zuordnen lassen.

⟳ Tipps

Sie haben Sorge, dass die Kisten nicht voll werden?
Wenn Sie zu Beginn des Jahres die Monatkisten einführen wollen, geben Sie doch einfach vor den Weihnachtsferien den Auftrag,

etwas mitzubringen, das mit dem neuen Jahr zu tun hat. Auch die Dauer-
hausaufgabe, passende (auch selbst gebastelte) Dinge und Bilder von zu
Hause mitzubringen, bietet sich an.

Wenn Ihnen das Bemalen der Kisten zu aufwendig ist, lassen Sie das doch
die Kinder in Partnerarbeit erledigen. Allerdings müssen Sie dann genau die
Farbtöne festlegen. Dies kann gut mit kleinen Farbkärtchen geschehen.

14 b. Monatsperlen

Ziel

Die Schüler erhalten einen Überblick über die Anzahl der bereits vergangenen und der noch kommenden Tage des aktuellen Monats bzw. des
ganzen Jahres.

Material/Vorbereitung

Wenn Sie nur den jeweils aktuellen Monat veranschaulichen wollen, benötigen Sie eine Schnur (z.B. Angelschnur, die reißfest ist und sich gut fädeln
lässt, mindestens 50 cm lang), eine kleine Perle (als „Stopper") und 31
große Perlen (ca. 1 cm Durchmesser), Kärtchen mit den Namen der Monate
und den Anzahlen ihrer Tage, eine Dose zum Aufbewahren der Perlen.
Wenn Sie das ganze Jahr darstellen möchten, benötigen Sie die zwölffache
Menge an Schnüren und Perlen. Schön wäre auch hier eine andere Farbe für
jeden Monat (siehe oben).
Knoten Sie die kleine Perle jeweils an ein Ende der Nylonschnüre.
An das andere Ende knoten Sie eine Schlaufe zum Aufhängen.
Finden Sie einen festen Platz im Klassenraum, an dem Sie die Schnur bzw.
Schnüre aufhängen können.

So geht's

Jeden Tag – z.B. im Morgenkreis – fädelt ein Kind eine weitere Perle auf
die Schnur des aktuellen Monats. Zur Verdeutlichung kann man abzählen
lassen, wie viele Tage des betreffenden Monats schon vergangen sind.
Wer kann ausrechnen, wie viele noch kommen? Die Kinder können anhand
der Monatsperlen quasi zusehen, wie die Zeit vergeht.

14c. Jahresuhr

☀ Ziel

Die Kinder gewinnen Einsicht in die Einteilung des Jahres
in zwölf Monate, deren Abfolge, ihre Zuordnung zu den
Jahreszeiten sowie die Anzahl der Tage der verschiedenen
Monate. Außerdem werden den Monaten typische Ereignisse
(wie z.B. Veränderungen in der Natur) und individuelle Erlebnisse
(z.B. die Klassenfahrt) zugeordnet.

✂ Material/Vorbereitung

Sie benötigen zwölf Kreissegmente für die Monate und vier Viertelkreise
für die Jahreszeiten, die Sie z.B. durch Vergrößerung der Kopiervorlage (14)
erhalten. Tragen Sie entlang des äußeren Randes der Monatssegmente
noch im Uhrzeigersinn die Zahlen von eins bis 29 (bzw. 30 bzw. 31) und
den jeweiligen Monatsnamen ein. Am besten kleben Sie die Einzelteile auf
festen Karton. Außerdem brauchen Sie reichlich Wäscheklammern sowie
Wasserfarben und Zubehör. Stellen Sie Zettel mit Farbproben her (siehe
„Monatskisten", S. 43).

✺ So geht's

Die farbliche Gestaltung der Kreisteile können die Kinder anhand der
Farbproben in Einzel- bzw. Partnerarbeit übernehmen. Wenn alle Teile fertig
sind, geben Sie den Kindern im Gesprächskreis den Auftrag, alle Teile sinnvoll zusammenzusetzen. Lassen Sie die Kinder ihre Vorschläge begründen.

Wenn der Jahreskreis richtig zusammengelegt ist (er besteht nun aus einem
Ring mit den zwölf Monaten und einem Innenkreis mit den vier Jahreszeiten), können Sie ihn im Klassenraum aufhängen und im Grunde ähnlich
mit ihm arbeiten wie mit den Monatskisten (siehe oben). Sammeln Sie
Ereignisse und Besonderheiten der jeweiligen Monate. Machen Sie Fotos
davon oder lassen Sie die Kinder diese zeichnen, die Bilder können sie aufkleben. Zusätzlich können Sie mit Ereignissen, die ein festes Datum haben,
Wäscheklammern beschriften und an den entsprechenden Tag klammern.
Am Jahreskreis kann man auch sehr schön abzählen, wie lange es noch
bis zu einem bestimmten Ereignis ist.

 **Sitzkreis und Co.**

 Ziel

Die Kinder lernen, verschiedene Sitzordnungen für gemeinsame Besprechungen und Demonstrationen geordnet, schnell und ruhig umzusetzen.

✂ Material/Vorbereitung

Je nach Sitzordnung benötigen Sie Sitzkissen, Teppichfliesen oder die Stühle der Kinder, die Sie gegebenenfalls schon richtig positionieren, sowie Malerkrepp zur Markierung auf dem Fußboden.

🌀 So geht's

Wenn Sie gemeinsam mit allen Kindern etwas besprechen möchten oder ihnen etwas Mitgebrachtes präsentieren wollen, das gegebenenfalls auch herumgereicht werden soll, bietet sich ein Stuhlkreis oder auch ein Sitzkreis auf dem Boden an.

Falls Ihr Klassenraum nicht über einen Teppichboden verfügt, empfehlen wir bei letzterer Möglichkeit ein Sitzkissen oder eine Teppichfliese für jedes Kind.

Ein Sitzkreis auf dem Boden hat den Vorteil, dass er in der Regel schneller zu organisieren ist und sich daher auch für kurze Besprechungen zwischendurch eignet.

Großer Pluspunkt des Stuhlkreises ist, dass jedes Kind seinen relativ abgegrenzten Raum hat und durch die Möglichkeit, sich anzulehnen, normalerweise länger in dieser Sitzform aushalten kann.
Soll etwas an der Tafel demonstriert oder ein Film bzw. Dias gezeigt werden, bietet der sogenannte Theatersitz eine gute Sicht für alle. Dabei sind die Plätze der Kinder – wie im Theater – in mehreren Reihen hintereinander in einem leichten Bogen angeordnet, mit Blick auf die Tafel bzw. Leinwand.

↻ Tipps

Diese Sitzpositionen mit einer neuen Klasse einzuüben, ist nicht ohne Tücke:

Wie schaffen es die Kinder, sich an die richtige Stelle zu setzen?

Wenn Sie eine dieser Sitzordnungen das erste Mal nutzen möchten, lohnt sich die Mühe, vor der Ankunft der Kinder alle Stühle (Kissen, Teppichfliesen) selbst richtig zu platzieren. Dann haben die Kinder eine Vorstellung davon, wie es in Zukunft aussehen soll.

Damit es den Kindern später auch allein gelingt, einen Kreis oder die Sitzreihen zu bilden, markieren Sie doch einfach die entsprechende Form mit Malerkrepp auf dem Fußboden. Dieses nutzt sich zwar nach einiger Zeit ab, aber bis dahin wissen die Kinder Bescheid.

Wie baue ich den Theatersitz am günstigsten auf?

Sie verteilen die Kinder am besten auf 3 Sitzreihen hintereinander: die erste Reihe sitzt auf dem Boden oder auf Sitzkissen bzw. Teppichfliesen, die zweite Reihe sitzt auf Stühlen und die dritte Reihe kniet auf den Stühlen, deren Lehne dabei nach vorne zeigt. Durch die Höhenabstufung können alle gut sehen. Sie können die einzelnen Reihen auch wie im richtigen Theater benennen: 1. Reihe: Parkett – 2. Reihe: Sperrsitz – 3. Reihe: Loge. Achten Sie dabei unbedingt auf genügend Abstand zwischen den einzelnen Sitzreihen. Ansonsten ist die Versuchung einfach zu groß, einmal der Vorderfrau an den Zöpfen zu ziehen.

Wie kann ich Unruhe und Rangeleien vermeiden?

Wichtig ist, das Tragen des Stuhls zu demonstrieren und einzuüben. Andernfalls kann es schnell zu Zusammenstößen mit quer stehenden Stuhlbeinen kommen. So geht es gefahrlos: Der Stuhl wird vor dem eigenen Körper getragen. Eine Hand fasst von hinten unter die Rückenlehne, die andere von vorne unter die Sitzfläche. Lassen Sie ruhig in den ersten Schulwochen immer zuerst ein Kind die richtige Trageweise demonstrieren, bevor die anderen Kinder den Kreis verlassen.

Um sich ständige Diskussionen oder gar Tränen zu ersparen, wenn es darum geht, wer neben wem, insbesondere neben der Lehrerin sitzen darf, kann es nicht schaden, wenn Sie selbst in gewisser Weise die Reihenfolge vorgeben. Hier einige Vorschläge:

Lassen Sie die Kinder Tisch für Tisch kommen. Wir haben praktischerweise fünf Gruppentische. Jedem Tisch ist ein Wochentag zugeordnet, sodass am Montag immer der so genannte „Montagstisch" zuerst kommen darf usw. So sind alle Kinder gleich oft als Erste an der Reihe und für die 4 bis 6 Kinder, die nun gleichzeitig kommen, ist es in der Regel kein Problem, einen Platz zu finden.

Sie können auch die Kinder jeden Tag nach einem anderen Kriterium kommen lassen: z.B. erst die Jungen, dann die Mädchen oder alle Kinder in der Reihenfolge des ABC.

Alternativ bestimmen Sie eine feste Reihenfolge, die über mehrere Wochen beibehalten wird.

Sie selbst werden ein sehr begehrter Sitznachbar sein. Verabreden Sie sich doch immer mit jeweils zwei Kindern, z.B. indem Sie ihnen einen kleinen Brief schreiben *(siehe auch >> Idee 77)*.

Woher bekommt man Kissen oder Teppichfliesen?

Schreiben Sie diese doch direkt mit auf den Materialbrief, den Sie den Eltern vor den Sommerferien zuschicken: Dann hat jedes Kind sein eigenes Exemplar. Oder fragen Sie bei Geschäften nach, die Auslegeware führen. Manchmal sind dort kleine Teppichproben kostenlos erhältlich.

Wie lagert man die Kissen oder Fliesen am günstigsten?

Die Fliesen lassen sich Platz sparend stapeln: Eine Kiste schafft Ordnung. Falls die Schülertische ein Fach unter der Tischplatte haben, sind dort die Kissen gut verstaut (vielleicht benötigen Sie diese ja auch einmal schnell zwischendurch, z.B. für eine Traumreise oder Entspannungsübung).

16 Erzähl doch mal

 **Ziel**

Die Kinder erhalten Hilfestellung, wenn sie der Klasse etwas berichten wollen.

16 a. Erzählkärtchen

 **Ziel**

Gezielte Fragen helfen den Kindern, ihren Bericht zu strukturieren und alles Wichtige zu berücksichtigen.

✂ Material/Vorbereitung

Stellen Sie vier Kärtchen her, je eines mit der Aufschrift „Wann?", „Wo?", „Wer?" und „Was?". Wenn Sie oft im Sitzkreis arbeiten, bietet es sich an, die Aufschrift jeweils entlang aller vier Seiten zu wiederholen, damit man sie aus allen Richtungen gut lesen kann.

⚙ So geht's

Oft fällt es Kindern schwer, ein Erlebnis zusammenhängend, vollständig und in der richtigen Reihenfolge zu erzählen, sodass jemand, der nicht dabei gewesen ist, es genau verstehen kann. Sie können die Kinder dabei unterstützen, wenn Sie sie zunächst nicht ganz frei erzählen lassen, sondern Fragen stellen, z.B.: „Wann war das, was du uns erzählen möchtest?", „Wo war das?", „Wer war alles dabei?", „Was hast du gemacht/habt ihr gemacht?" Als Zwischenschritt zum freien Erzählen können die Erzähl-kärtchen eingesetzt werden, die nur die Fragewörter enthalten. Auf diese Weise haben die Kinder die Fragen vor Augen und können sie der Reihe nach beantworten, werden aber nicht in ihrer Erzählung unterbrochen.

↻ Tipp

Erklären Sie am ersten Elternabend diese Vorgehensweise den Eltern und geben Sie ihnen eine Vorlage der Erzählkärtchen. Dann können sie bereits zu Hause mit ihrem Kind eine Erzählung vorbereiten. Gerade bei Kindern, die sehr unstrukturiert erzählen, hat sich das in unserer Praxis als große Hilfestellung gezeigt.

16b. Bauchredner I

❋ Ziel

Schüchterne Kinder nutzen eine Handpuppe, die für sie spricht.

✂ Material/Vorbereitung

Sie benötigen eine Handpuppe oder ein Stofftier (*z.B. Ihr Klassen-maskottchen aus >> Idee 36*).

 So geht's

Sehr schüchterne Kinder trauen sich vielleicht gar nicht, etwas vor allen anderen zu erzählen. Ihnen kann eine Handpuppe oder ein Stofftier helfen. Das Tier wirkt sozusagen als Medium: Das Kind muss nicht selbst erzählen, sondern das Tier übernimmt in gewisser Weise diese Aufgabe.

 Tipps

Diese Figur kann sogar Kinder über das Wochenende nach Hause begleiten und dann von seinen Erlebnissen dort berichten.

17 Gesprächsstein und Co.

Ziel

In einer Gesprächsrunde wird ein Gegenstand weitergegeben, der anzeigt, wer an der Reihe ist. Die Kinder lernen eine erste Möglichkeit der Gesprächsführung kennen.

17a. Gesprächsstein

✂ Material/Vorbereitung

Sie benötigen einen schönen Stein, Handschmeichler o.Ä.

So geht's

Der Gesprächstein leistet gute Dienste, wenn Sie möchten, dass möglichst viele Kinder sich zu einer Sache äußern. Der erste Sprecher erhält den Stein. Solange er den Stein hat, darf nur er reden. Er entscheidet selbst, wann er fertig ist, und gibt dann den Stein an seinen Nachbarn weiter. Wenn ein Kind nichts sagen möchte, gibt es den Stein direkt weiter. Man gibt also die Lenkung des Gesprächs mehr an die Kinder ab, erspart sich und ihnen aber das oft langwierige Überlegen, wen sie als Nächstes an die Reihe nehmen wollen.

17 b.  Gesprächsball

✂ Material/Vorbereitung

Sie benötigen einen kleinen Ball (am besten einen, der nicht springt, z.B. einen Stoff- oder umhäkelten Ball).

⚙ So geht's

Wenn sich nur einige Kinder zu einem Thema äußern und diese selbst festlegen sollen, wer als Nächstes an der Reihe ist, eignet sich der Gesprächsball gut. Wenn der aktuelle Sprecher fertig ist, rollt er den Ball dem nächsten Kind zu, das sich meldet.

☍ Tipps

Legen Sie Wert darauf, dass der Ball vorsichtig gerollt wird. Denn wird er geworfen, besteht immer die Gefahr, dass er das Ziel verfehlt, und schnell läuft die Situation aus dem Ruder.

17 c.  Ich möchte auch etwas dazu sagen

✂ Material/Vorbereitung

───

⚙ So geht's

Geben Sie den Kindern Gelegenheit, den aktuellen Sprecher auch etwas zu fragen oder ihn zu ergänzen.
Eine sehr praktikable Lösung ist die Wortmeldung mit ein oder zwei Händen. Wenn ein Kind selbst etwas Neues erzählen will, dann hebt es nur eine Hand. Wenn es aber das aktuell erzählende Kind etwas fragen oder etwas Passendes ergänzen möchte, meldet es sich mit beiden Händen. So sind beide Arten der Wortmeldung sofort voneinander zu unterscheiden und es können zuerst alle Kinder an die Reihe kommen, die direkten Bezug nehmen möchten.

 **Präsentations-Decke**

 **Ziel**

Dinge, die im Gesprächskreis gezeigt werden sollen, erhalten einen besonderen Platz, von dem aus sie von allen Kindern gut gesehen werden können.

Material/Vorbereitung

Sie benötigen eine schöne – im Idealfall runde – Tischdecke.

So geht's

Wenn Sie einen Sitzkreis bilden, legen Sie die Tischdecke auf den Boden in die Mitte des Kreises.

Dinge, die Sie selbst oder aber auch Kinder mitgebracht haben, um sie zu präsentieren, werden direkt zu Beginn auf die Decke gelegt. So kann jeder sie sehen. Die Kinder, die etwas mitgebracht haben, haben die Hände frei und können sich besser konzentrieren. Keiner tritt versehentlich auf die Gegenstände. Die Dinge erhalten mehr Gewichtung und Aufmerksamkeit.

Tipp

Lassen Sie doch die Decke zu einer Art Ritual werden. Vielleicht stellen Sie zusätzlich eine Blume in die Mitte. Sie bildet einen gemütlichen Rahmen und ist immer der Mittelpunkt des Kreises, auch wenn Sie einmal nichts Aktuelles mitgebracht haben.

Eine solche Decke lässt sich auch mit den Kindern gemeinsam gestalten. Wenn Sie einen weißen Stoff haben, können Sie ihn mit den Kindern zusammen bedrucken. Dazu schneiden Sie den Stoff in mehrere Teile, jedes Teilstück wird von einer Kleingruppe bedruckt. Anschließend werden alle Teile wieder zusammengenäht.

Wenn Sie etwas präsentieren möchten, dass nicht gleich alle Kinder sehen sollen, oder es gerne etwas spannender machen möchten, nutzen Sie doch den „Geheimnisvollen Beutel", *(>> siehe auch Idee 83 und 102)*. Reichen Sie ihn im Kreis herum und lassen Sie alle Kinder fühlen, was in ihm steckt. Daraus lässt sich auch eine hervorragende Stilleübung machen.

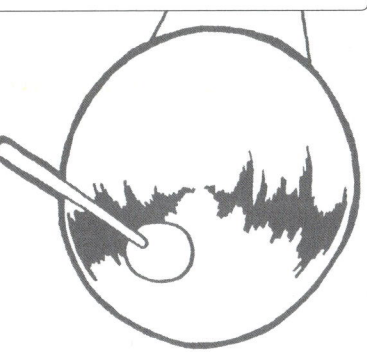

 **Alle mal herhören!**

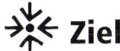 Ziel

Die Aufmerksamkeit der Kinder wird auf eine wichtige Ankündigung gelenkt.

19 a. Der Zeremonienmeister

 Material/Vorbereitung

Legen Sie ein akustisches Signal fest (z.B. einen Gong oder ein „Zepter" zum Klopfen auf den Boden).

So geht's

In vielen Märchen kommt ein Zeremonienmeister vor, der bei Hofe wichtige Dinge ankündigt. Erzählen Sie den Kindern ein solches Märchen oder zeigen Sie ihnen einen passenden Filmausschnitt (z.B. Drei Nüsse für Aschenbrödel, Icestorm Entertainment GmbH, 2004).

Wenn Sie nun eine wichtige Ankündigung machen möchten, betätigen Sie das akustische Signal (läuten den Gong, klopfen mit dem Zepter auf den Boden, ...). Die Kinder nehmen eine verabredete Position ein (z.B. aufstehen, salutieren o.Ä.) und Sie verkünden, was Sie zu sagen haben.

Tipp

Dieses Vorgehen mag Ihnen vielleicht auf den ersten Blick etwas lächerlich erscheinen. Aber Kinder schauspielern gern und Märchen haben sowieso ihren eigenen Zauber. Die Kinder werden gerne mitmachen, eben weil sie in gewisser Weise einbezogen werden.

19 b.  Bauchredner II

✂ Material/Vorbereitung

Sie benötigen eine Handpuppe oder Stofftier (*z.B. >> das Klassen-maskottchen aus Idee 36*).

⚙ So geht's

Sie können auch die Handpuppe oder Ihr Klassenmaskottchen die wichtigen Ankündigungen machen lassen.
Die Figur wird nach kurzer Zeit für die Kinder das Zeichen sein, dass sie jetzt besonders aufmerksam sein sollen. Unterhalten Sie sich mit der Handpuppe. Verraten Sie ihr erst flüsternd, um was es geht. Die Puppe kann es dann den Kindern weitersagen. Die Puppe kann auch typische Kinderfragen an Sie stellen. Denn vielleicht trauen sich nicht alle Kinder, direkt nachzufragen, wenn sie etwas nicht verstanden haben.

„Du hast einen Namen"

Sich vorstellen und gegenseitig kennenlernen

Wenn sich die Kinder in Ihrer Klasse zusammenfinden, um gemeinsam zu lernen, kennen sich die meisten in der Regel nicht. Es sei denn, Sie haben bereits vor den Sommerferien ein Treffen organisiert *(>> siehe Idee 2)*.

Um von Anfang an eine freudvolle und harmonische Atmosphäre zu schaffen, in der gegenseitiges Vertrauen entstehen kann, sollte dem gemeinsamen Kennenlernen unserer Meinung nach genügend Raum geschaffen werden.

In den von uns zusammengetragenen Angeboten steht nicht die reine Vermittlung der verschiedenen Namen im Vordergrund, sondern die gemeinsame, gruppenverbindende Komponente. Zusätzlich bieten alle Vorschläge die Möglichkeit, wichtige soziale Kompetenzen, wie Kooperationsfähigkeit, Empathie und Toleranz anzubahnen und weiter zu fördern. Bitte unterschätzen Sie auch nicht die Wirkung der Auseinandersetzung mit dem eigenen Namen und damit auch der eigenen Identität in Bezug auf die Förderung eines positiven Selbstbildes – eine Voraussetzung für jede gesunde Gruppendynamik und eine förderliche Lernatmosphäre.

 **Das ist mein Name**

☼ Ziel

Wenn die Kinder am ersten Tag in die Schule kommen, kennen sich viele von ihnen untereinander noch nicht. Besonders in einer jahrgangs-gemischten Klasse ist es für die neu dazukommenden Kinder wichtig, schnell zu erfahren, wie die „alten Hasen" heißen. Das Arbeiten mit Namensschildern trägt von Anfang an zu einer vertrauensvollen Atmo-sphäre bei, denn die Kinder fühlen sich gesehen und aufgehoben.

20 a. Tischkärtchen

✂ Material/Vorbereitung

etwas festeres Papier im DIN-A4-Format in verschiedenen Farben, Farbstifte (z.B. Wachsmaler), zur Dekoration Stoffreste, Naturmaterialien, Knöpfe, Bilder aus der Anlauttabelle usw.

Als Differenzierungsmöglichkeit für die Kinder können Sie Papier vorfalten, Schreiblinien vorzeichnen und die Namen der Kinder auf einzelne Kärtchen vorschreiben.

⚙ So geht's

Lassen sie die Kinder eine Papierfarbe wählen und den Bogen quer in der Mitte falten. Da in einigen Bundesländern viele Kinder bereits mit 5 Jahren eingeschult werden und daher oft noch gezielter Unterstützung bedürfen, können Sie das Papier auch vorgefaltet austeilen.

Nun schreiben die Kinder ihren Namen auf das Tischkärtchen. Als Hilfe-stellung kann das Papier mit den vorgezeichneten Linien dienen.
Wer seinen Namen noch nicht schreiben kann, nimmt eine Vorlage zur Hilfe und versucht, die Buchstaben abzumalen.

Anschließend können die Kinder ihre Tischkärtchen bunt gestalten und zu-sätzlich Stoffreste, Knöpfe, Naturmaterialien, Anlautbilder usw. aufkleben. Je nach Fähigkeit können die Kinder versuchen, ihre Hobbys und andere

Lieblingsdinge darzustellen. Mit den Knöpfen kann auch das Alter des Kindes gezeigt werden. So wird ein Aufsteller für den Tisch zu einem kleinen Steckbrief über jedes Kind, denn er „erzählt" viel mehr als nur den Namen.

☺ Tipps

Damit Sie sich lange Erklärungen ersparen, basteln Sie sich doch ein eigenes Tischkärtchen mit Ihrem Namen. So können Sie sich selbst den Kindern auch gleich etwas ausführlicher vorstellen.

20 b. Buttons

✂ Material/Vorbereitung

Eine Button-Maschine und entsprechendes Zubehör für die Anstecker oder aber Buttons mit Stecksystem, außerdem Papier in verschiedenen Farben und Farbstifte.

❋ So geht's

Buttons sind eine schöne Namenschildvariante, da sie sich lange aufheben lassen und die Kinder sie stolz und meistens lange tragen. Sie haben hierbei mehrere Möglichkeiten: Sie können die Buttons für Ihre Kinder vorab selbst herstellen und jedes Kind an seinem ersten Schultag mit einem Anstecker mit seinem eigenen Namen überraschen. Sie können jedoch die Kinder ihre Buttons auch selbst gestalten lassen und sie dann gemeinsam in der Maschine stanzen bzw. zusammenstecken.

☺ Tipp

Buttonmaschinen kann man gegen Gebühr in vielen Copy-Shops ausleihen. Es gibt aber auch Buttons, die einfach per Hand zusammengesteckt werden können (z.B. zu beziehen über www.jako-o.de).

20 c. <u>Kette mit Namen</u>

 **Material/Vorbereitung**

festes Papier im Postkarten-Format, Faden/Wolle, Locher

So geht's

Jedes Kind erhält ein Stück festes Papier. Darauf schreiben die Kinder ihren Namen (siehe auch: „Tischkärtchen"). Die Karte wird gelocht. An den ausgestanzten Löchern kann ein Faden befestigt werden, damit die Namenskarten wie eine Kette um den Hals getragen werden können.

Tipps

Sehr zu empfehlen ist eine Postkartensammlung. Die Kinder können sich daraus die aussuchen, die ihnen am besten gefällt. Auf die unbedruckte Seite schreiben sie ihren Namen. Wenn man etwas mehr über das Kind wissen möchte, kann man sich das Bild ansehen und sich erklären lassen, warum es das ausgesucht hat. Meist erfährt man dadurch sehr persönliche Dinge.

Eine Postkartensammlung ist auch im Morgenkreis eine schöne Möglichkeit, die Kinder über sich erzählen zu lassen. Je nach Stimmung wählen sie sich eine Karte aus und berichten darüber, was dieses Bild für sie bedeutet.

20 d. <u>Schnellversion in Malerkrepp</u>

 **Material/Vorbereitung**

eine Rolle Malerkrepp und dicke Filzstifte

So geht's

Dies ist die wahrscheinlich unkomplizierteste Methode, schnell Namensschilder herzustellen. Jedes Kind bekommt einen Streifen Malerkrepp. Darauf schreibt es mit Filzstift seinen Namen. Der Streifen kann dann auf den Pulli aufgeklebt werden.

 **Tipps**

Nutzen Sie diese recht nüchterne Variante vielleicht eher für Situationen, in denen die Kinder nur kurzzeitig ihre Namen visualisieren müssen, wie z.B. wenn Sie Gastschüler in der Klasse haben. Oder machen Sie die Schüler mit dieser Form zum Beispiel für den Vertretungsunterricht vertraut.

21 Darf ich vorstellen, das ist …

 **Ziel**

Die Kinder lernen alle Namen ihrer Mitschüler auf eine spielerische Art gleichzeitig kennen. Dabei hat es sich als besonders unterstützend erwiesen, mit den Namen Geschichten zu verbinden, die dabei helfen, sich das Gesicht besser einzuprägen.

 Material/Vorbereitung

——

So geht's

Stellen Sie das erste Kind mit Namen vor und fragen Sie es eine einfache Frage, z.B. nach seinem Lieblingsessen, dem Lieblingstier, der Lieblingsfarbe o. Ä. Der Merkeffekt bei den Kindern stellt sich ein, weil sie sich erinnern können: „Peter hat dasselbe Lieblingsessen wie ich!"

Alle Kinder begrüßen nun das vorgestellte Kind mit: „Hallo, …!"

Eine Variation ist es, dass sich das Kind selbst vorstellt und ein am besten zu ihm passendes Adjektiv mit dem Anfangsbuchstaben seines Namens nennt: „Ich bin die lustige Luise!"

Am Ende können die Kinder ihre Merkfähigkeit testen: Wer kann drei Kinder beim Namen nennen? Wer schafft vier oder sogar noch mehr?

 Tipps

Da Sie die Variante noch nicht mit den Fachbegriffen erklären können, da die Kinder den Begriff „Adjektiv" noch nicht kennen, nennen Sie einfach ein Beispiel mit Ihrem eigenen Namen. Bestimmt fällt Ihnen etwas Lustiges ein.

22 **Mit Namen spielen**

 Ziel

Grundsätzlich dienen diese Spiele dazu, die Kinder darin zu unterstützen, sich die vielen Namen besser zu merken. Zusätzlich bedienen jedoch alle Spiele auch andere Aspekte und schulen verschiedene Kompetenzen: Merk- und Koordinationsfähigkeit, Konzentrationsvermögen sowie motorische Geschicklichkeit.

22a. **Ich packe meinen Koffer**

✂ **Material/Vorbereitung**

———

So geht's

Setzen Sie sich mit Ihren Kindern in den Sitzkreis und spielen Sie das alte Konzentrationsspiel „Ich packe meinen Koffer" in einer neuen Variante. Da die Kinder noch nicht alle Namen voneinander wissen und sich noch besser kennenlernen sollen, ergänzen Sie das Spiel um folgende Regel: Bitten Sie die Kinder, so zu sprechen: „Ich heiße Anke und ich mag gerne Pferde." Das nächste Kind wiederholt: „Anke mag gerne Pferde und ich heiße Mira und mag gerne Nudeln." usw.

☺ Tipps

Natürlich können die Kinder auch ihre Lieblingstiere, ihr Hobby usw. benennen, Hauptsache, es dient dazu, sich besser kennenzulernen.

Damit es nicht zu schwierig wird, können Sie jeweils nach 5 Kindern wieder von vorne beginnen: Das letzte Kind muss also nicht die Namen aller anderen wissen, sondern höchstens diejenigen seiner vier Vorgänger.

22b. Das Popcorn-Spiel

✂ Material/Vorbereitung

———

☸ So geht's

Machen Sie mit Ihren Kindern einen Sitzkreis. Ein Kind beginnt, indem es schnell wie ein Popcorn im heißen Topf von seinem Stuhl aufspringt und seinen Namen nennt. Dann setzt es sich wieder. Das nächste Kind „poppt" hoch und sagt den eigenen Namen. So nennen alle Schüler reihum ihren Namen. Damit jeder Name mehrmals vorkommt und sich so der Merkeffekt steigert, spielt man das Spiel mehrere Runden. Allerdings wird in jeder Runde das Tempo erhöht. Gleichzeitig wird damit die Koordination geschult, da jeder sehr gut aufpassen muss, wann er an der Reihe ist, denn man darf niemanden überspringen.

☺ Tipps

Kennen die Kinder die Namen ihrer Mitschüler schon gut, können Sie den Schwierigkeitsgrad noch einmal erhöhen: Das aufstehende Kind muss nun immer den Namen seines nächsten Sitznachbarn nennen.

22 c. Patsch-Patsch-Schnips-Schnips

✂ Material/Vorbereitung

—

⚙ So geht's

Setzen Sie sich mit Ihren Schülern in den Sitzkreis. Alle Kinder (und natürlich auch Sie) patschen mit beiden Händen zweimal auf die eigenen Oberschenkel. Anschließend schnipsen alle rechts, dann links mit den Fingern. Finden Sie gemeinsam mit Ihren Kindern einen schönen, nicht zu schnellen Rhythmus. Praktizieren Sie das so lange, bis die Kinder sicher sind. Dann beginnen Sie das Spiel: Mit dem rechten Schnipser sagen Sie Ihren Namen, mit dem linken den eines Schülers. Mit dem rechten Schnipser wiederholt der Benannte seinen Namen und nennt mit dem linken Schnipser den Namen eines Mitschülers, der dann in gleicher Weise fortsetzt. Dabei wird die ganze Zeit der Rhythmus von allen weitergepatscht bzw. -geschnipst. Die Schwierigkeit liegt also darin, entsprechend schnell zu reagieren, wenn der eigene Name genannt wird.

☼ Tipps

Falls die Kinder Probleme haben, den Rhythmus einzuhalten, verlangsamen Sie einfach das Tempo.
Dieses Spiel ist grundsätzlich ein gutes Rhythmus- und Koordinationstraining. Setzen Sie es dazu ruhig des Öfteren ein, auch wenn die Kinder die Namen schon sicher beherrschen. Sie können den Schwierigkeitsgrad der Koordination erhöhen, wenn Sie die Abfolge variieren, zum Beispiel, indem Sie nur einmal auf die Schenkel und dann in die Hände klatschen.

23 Das bin ich

⚛ Ziel

Mit den Angeboten zu diesem Thema sollen die Kinder nicht nur sich selbst auf vielfältige Weise vorstellen. Die angesprochenen Methoden dienen auch der Ausbildung wichtiger sozialer Kompetenzen, wie dem Selbstwertgefühl, der Kooperation, dem Umgang mit den eigenen Gefühlen usw. Indem die Schüler über sich selbst nachdenken sowie ihr Inneres und Äußeres beschreiben, setzt ein Prozess der Selbstreflexion ein, der den Entwicklungsprozess positiv beeinflussen kann. In ihrem Steckbrief oder ihrem Interview stehen einmal sie selbst im Mittelpunkt, im Fokus der Aufmerksamkeit.

23 a. Mein Steckbrief   Kopiervorlage 23

✂ Material/Vorbereitung

Erstellen Sie selbst eine Blanko-Vorlage mit einem Steckbrief und etwas Platz für ein Foto, oder verwenden Sie unsere Vorlage 23. Jedes Kind bekommt ein Exemplar. Schön sind kleine Fotos der Kinder, außerdem Zeitschriften.

⚙ So geht's

Am besten gehen Sie selbst einmal wieder mit gutem Beispiel voran: Beschreiben Sie sich selbst möglichst genau mit Ihrem Aussehen und Ihren Vorlieben. Verheimlichen Sie den Kindern aber zunächst, dass es um Sie selbst geht. Mal sehen, ob die Kinder allein darauf kommen. Erklären Sie anschließend, dass jedes Kind sich so genau beschreiben soll, jedoch in einem schriftlichen Steckbrief. Überlegen Sie gemeinsam, welche Rubriken der Steckbrief enthalten soll und ergänzen Sie diese gegebenenfalls in der Kopiervorlage.
Am nächsten Tag können die Kinder dann ihre eigenen Steckbriefe erstellen.

Dazu sind sicher verschiedene Hilfestellungen nötig:

Bieten Sie beispielsweise eine Wortliste zum Abschreiben an. Für absolute Schreibanfänger können sie vorgeschriebene Wörter oder Farbbilder aus

Zeitschriften zum Ausschneiden bereithalten. Außerdem könnten einige Kinder als Sekretäre bzw. Sekretärinnen fungieren *(>> siehe Idee 82)*.

Das Bild kann je nach Wunsch oder auch Leistungsstand des Kindes als Foto aufgeklebt oder als Selbstporträt gezeichnet werden.

☯ Tipps

Auch hier ist es unserer Meinung nach sinnvoll, Beispiel-Steckbriefe anzufertigen. Nicht nur, dass die Kinder eine bessere Orientierung haben, Sie sparen sich viel Erklärungszeit und unnötiges Nachfragen.
Die fertigen Steckbriefe können Sie – selbstverständlich nachdem alle vorgestellt und entsprechend gewürdigt worden sind – entweder zu einem Buch binden oder an einer Pinwand ausstellen.

Sie können die Steckbriefe auch für ein Rate-Spiel benutzen. Lesen Sie einen Steckbrief vor und lassen Sie die Klasse Vermutungen anstellen, welches Kind gemeint ist.

23 b. <u>Partnerinterview</u>  **Kopiervorlage 23**

✂ Material/Vorbereitung

Siehe „Steckbriefe".

⚙ So geht's

Der Unterschied zum Steckbrief ist, dass ein Kind für ein anderes ein Porträt herstellt und die Antworten notiert. Auch hierbei können die in der Variante „Steckbrief" beschriebenen Differenzierungsangebote gemacht werden. Besonders schön ist es, wenn bei dieser Version der Interviewer auch das Porträt des Interviewten zeichnet.

☯ Tipps

Jede Form der Partnerarbeit schult bestimmte soziale Kompetenzen, wie Empathie und Toleranz, weshalb wir sie gerne als Sozialform im Unterricht einsetzen und Ihnen gerne empfehlen.

23 c. Der Prominente im Sack

 Material/Vorbereitung

eine Decke oder ein großer Sack, eine Augenbinde

 So geht's

Verbinden Sie einem Kind aus Ihrer Klasse die Augen. Bitten Sie dann ein anderes Kind nach vorne, damit es sich in dem Sack bzw. unter der Decke versteckt. Das Kind mit den verbundenen Augen hat nun die Aufgabe, den verborgenen Mitschüler zu erraten. Hierbei kann es durch Abtasten oder durch das Stellen von Fragen zu persönlichen Merkmalen oder Vorlieben das Rätsel lösen.

Die verbundenen Augen dienen dazu, dass das betreffende Kind nicht nur einfach schauen muss, wer in der Runde fehlt.

 Tipps

Bitte klären Sie vorher, ob es einem Ihrer Kinder unangenehm ist, wenn es abgetastet wird.

24   Das kann ich schon

 Ziel

Gerade wenn Schüler neu in die Schule kommen, sind ihre Lernvoraussetzungen nicht nur wegen des unterschiedlichen Alters sehr verschieden. Jedes Kind bringt andere Talente, Begabungen und Fähigkeiten mit. Dieses Angebot dient nicht nur dem Kind zur Selbstreflexion und zum – positiven – Vergleich mit seinen Mitschülern, sondern ist gleichzeitig für Sie eine sehr schöne Möglichkeit der unauffälligen ersten Erfassung der Lernausgangslage.

✂ Material/Vorbereitung

weißes Papier im DIN-A4- oder sogar DIN-A3-Format, Farbstifte, Kleber, Schere, Zeitschriften zum Ausschneiden

✲ So geht's

Bitten Sie Ihre Schüler, auf dem ausgeteilten Papier all das festzuhalten, was sie bereits können. Lassen Sie bereits bekannte Buchstaben, Wörter, Zahlen, Rechenaufgaben, Hobbys usw. darstellen. Die Überschrift „Das kann ich schon" sollte notiert werden. Im Sinne der Differenzierung können Sie auch Papier mit bereits vorhandener Überschrift austeilen.

Damit die Kinder keinen Bereich vergessen, können Sie diese an der Tafel in Wort und Symbol darstellen.

☉ Tipps

Wenn Sie feststellen, dass Kinder noch gar keine Zahlen, Buchstaben usw. aufschreiben, fragen Sie gezielt nach. Es muss ja nicht heißen, dass das Kind noch nicht dazu in der Lage ist, sondern ihm einfach nur andere Dinge in diesem Moment wichtiger sind.

Wenn Sie von Ihren Kindern wissen, dass in vielen Bereichen schon ausgeprägte Kompetenzen vorliegen, können Sie den Umfang vergrößern und statt eines Posters auch eine Sammelmappe erstellen lassen. Wenn Sie diese erweiterbar gestalten, können Sie die Mappe das Schuljahr begleitend als Portfolio verwenden.

24 a. Namenskunst

✳ Ziel

Bei diesem Angebot gehen wir davon aus, dass über das intensive Auseinandersetzen mit dem eigenen Namen eine Identifizierung stattfindet, die, wenn auch nur in kleinen Dosen, stärkend auf das Selbstbild wirken kann. Auch das freie künstlerische Gestalten steht hier im Vordergrund.

✂ Material/Vorbereitung

Papier im DIN-A4- oder DIN-A3-Format, Farbstifte

🌀 So geht's

Lassen Sie die Kinder ihren eigenen Namen künstlerisch gestalten. Hier sind der Fantasie keine Grenzen gesetzt. Lassen sie eine Filmleinwand gestalten, auf der, wie bei einem Filmabspann, der Name des Kindes erscheint. Vorbereitend können Sie dazu eine Fantasiereise erzählen, die damit endet, dass die Leinwand im Kino aufgeht und der eigene Name erscheint. Die Kinder haben dann die Aufgabe, ihre Vision ihres Namens so aufzumalen, wie sie diese vor ihrem geistigen Auge gesehen haben.

Sie können Ihre Schüler auch ihre Hobbys, ihr Lieblingstier, Lieblingsessen usw. malen lassen, doch jede Linie, jeder Strich ist ihr geschriebener Name. Auf die gleiche Art lassen sich auch Landschaftsbilder malen.

☺ Tipps

Eine weitere Möglichkeit, wie die Kinder ihre Persönlichkeit künstlerisch umsetzen können, ist eine Kollage zum Thema „Meine Lieblingsfarbe". Dazu benötigen Sie eine Sammlung verschiedenster Materialien (Papiere, Zeitschriften, Stoffe, Wolle, Folien und andere flache Dinge). Jedes Kind sucht sich die Dinge heraus, die seine Lieblingsfarbe tragen, und klebt daraus eine Kollage zusammen.

In einem großen Haus

Klassenraum und Schulgebäude erkunden

4

So vieles verändert sich für die Erstklässler mit dem Eintritt in die Schule. Ein schnelles Vertrautwerden mit der neuen Umgebung kann den Kleinen eine große Hilfe sein, sich dauerhaft wohlzufühlen und damit auch auf das Lernen konzentrieren zu können. Daher ist es wichtig, dass die Kinder alle Details der neuen Umgebung eingehend erforschen können.

Sie sollten aber nicht nur die Räume kennen, mit denen sie von Anfang an unmittelbar zu tun haben, es ist ebenso wichtig, einen Gesamtüberblick zu erhalten. Für die Kinder ist es durchaus interessant zu wissen, was sich hinter einer bestimmten Tür verbirgt, auch wenn es nur der Werkraum ist, der erst im zweiten Halbjahr genutzt werden soll.

Leicht wird in der Erkundungsphase die unmittelbare Umgebung vergessen: der Klassenraum. Es ist bei Weitem nicht selbstverständlich, dass sich die Kinder hier sofort zurechtfinden. Sie sollten „ihren" Raum aber von Anfang an mit allen Details so gut kennenlernen, dass Sie sich sicher darin bewegen können und wissen, wo sich alle wichtigen Dinge befinden, ohne ständig die Lehrerin fragen zu müssen.

Neben dem bloßen Kennenlernen der Räume sollten die Kinder ebenfalls die Möglichkeit haben, ihre neue Umgebung aktiv mitzugestalten. Nur so können Sie auch ein Verantwortungsgefühl für diese entwickeln. Gleichzeitig zeigen sie den älteren Schülern „Wir sind hier!" und können so schneller in die Schulgemeinschaft integriert werden.

 **Klassenraum-Rätsel**

 Ziel

Bei der spielerischen Lösung von Rätsel-Aufgaben sehen sich die Kinder genau in ihrem Klassenraum um und entdecken Details ihrer neuen Umgebung.

25 a. Bilderrätsel

✂ Material/Vorbereitung

Machen Sie Fotos von wichtigen Dingen im Klassenraum, also von Dingen, die die Kinder häufig benutzen. Interessanter wird das Bilderrätsel, wenn die Fotos nicht zu offensichtlich sind. Fotografieren Sie daher auch kleine Details, z.B. nicht die gesamte Tafel, sondern nur den Halter für die Kreide. Ideal ist es, wenn Sie mit einer Digitalkamera fotografieren, dann können Sie die Fotos gleich in der richtigen Größe ausdrucken und auf das Rätselblatt kleben. Unter jedem Foto sollte ein wenig Platz für die Zeichnung der Kinder sein, oder Sie verwenden einfach unsere Vorlage 25 a. für jedes Kind. Neben jeder fotografierten Sache sollten Sie im Klassenraum einen kleinen Aufkleber mit einem kleinen Zeichen ankleben (z.B. Stern, Kreis usw.).

🌀 So geht's

Die Kinder erhalten die Aufgabe, in Einzel- oder Partnerarbeit die auf dem Rätselblatt abgebildeten Dinge im Klassenraum zu suchen. Wenn sie eines gefunden haben, zeichnen sie das kleine Zeichen vom Aufkleber ab. Wer schon schreiben kann, darf natürlich auch aufschreiben, um was es sich auf dem Foto handelt und wo es sich befindet.
Wenn alle Kinder ihren Rätselbogen ausgefüllt haben, sollten Sie gemeinsam besprechen, was auf den Fotos zu sehen ist, wo es ist und wozu bzw. wie es benutzt wird. Dazu betrachten Sie am besten noch einmal die größeren Originalfotos.

☺ Tipps

Wenn Sie das Bilderrätsel mit allen Kindern gleichzeitig durchführen, kann es schnell sehr wuselig und unruhig werden. Nutzen Sie daher Teilungsstunden oder lassen Sie immer nur einige Kinder (z. B. während der Wochenplanstunden) daran arbeiten.

25 b. Weißt du, wie viel ...?

Kopiervorlage 25 b

Material/Vorbereitung

Schreiben und zeichnen Sie Dinge, die gezählt werden sollen, auf einen Beobachtungsbogen: Bücher, Regale, ... Kopieren Sie den Bogen anschließend in Klassenstärke (z.B. von unserer Kopiervorlage 25 b).

So geht's

Die Kinder zählen die auf dem Beobachtungsbogen eingetragenen Dinge im Klassenraum. Dabei sollen sie selbst entscheiden, auf welche Art und Weise sie das Ergebnis notieren möchten (z.B. mit Zahlen, als Strichliste, die Gegenstände abzeichnen, ...).

Tipps

Die Art der Notierung verrät Ihnen schon einiges über den Lernstand im mathematischen Bereich. Besprechen Sie die individuell gefundenen Lösungsmöglichkeiten mit allen Kindern.

25 c. Ich sehe was, was du nicht siehst

Material/Vorbereitung

—

So geht's

Das altbekannte Spiel „Ich sehe was, was du nicht siehst" können Sie auch zur Erkundung des Klassenraumes in der gewohnten Weise nutzen. Sie sagen z.B. „Ich sehe was, was du nicht siehst, und das ist blau." Alle

Kinder sehen sich gut um und raten, welchen blauen Gegenstand Sie in der Klasse gemeint haben. Sie können das Spiel aber auch abwandeln und nach bestimmten Anlauten, Anzahlen, Nutzungsarten oder Materialeigenschaften der Dinge fragen. Hier ein paar Beispiele:

„Ich sehe was, was du nicht siehst …

≋ … und das fängt mit B an."

≋ … und das gibt es in unserer Klasse fünf Mal."

≋ … und darauf kann man schreiben."

≋ … und das ist aus Holz."

☉ Tipps

Lassen Sie auch die Kinder einmal die Suchaufträge stellen.

26 Kim-Spiele

✂ Material/Vorbereitung

Legen Sie einige Gegenstände aus dem Klassenraum zurecht, z.B. in einer Tasche oder unter einem Tuch.

✲ So geht's

Gedächtnis-Kim:
Schicken Sie zwei bis vier Kinder vor die Tür und verändern Sie etwas in der Klasse. Wer errät es zuerst?

Geräusche-Kim:
Hier können alle Kinder gleichzeitig mitraten. Alle schließen die Augen. Machen Sie mit einem Gegenstand aus der Klasse ein Geräusch.
Wer errät, was es war?

Tast-Kim:
Bereiten Sie eine Tasche mit einigen Gegenständen aus dem Klassenraum vor. Legen Sie nun einen davon unter ein Tuch oder in den „Geheimnisvollen Beutel" *(>> siehe Idee 83 und 102)*. Lassen Sie ein Kind fühlen und

seine Vermutung äußern. Hat es richtig geraten, darf es den nächsten
Gegenstand aus der Tasche unter das Tuch legen.

 **Das sind wir**

 **Ziel**

Die gemeinsame Gestaltung eines Türschildes für die Klassenraumtür stärkt das
Zugehörigkeitsgefühl und die Kinder nehmen den Raum für sich in Beschlag.

27a. Eine Handvoll Luftballons

✂ Material/Vorbereitung

Jedes Kind benötigt ein weißes DIN-A6-Papier und ein (Pass-)Foto. Außerdem brauchen Sie Wollreste, Plakatkarton/Tapetenrolle (je nach Türgröße),
ein Ganzkörper-Foto von sich selbst und ggf. einige aufgeblasene Luftballons in verschiedenen Formen und ein Metermaß.

 So geht's

Jedes Kind zeichnet auf sein Papier den Umriss eines Luftballons. Dabei können sie sich von den aufgeblasenen Ballons inspirieren lassen. In die Mitte
der aufgemalten Luftballons wird das Foto geklebt. Die verbleibende Fläche
können die Kinder nach eignen Ideen bunt anmalen. Einzige Vorgabe: Sie
sollen ihren Namen gut sichtbar in den Ballon schreiben. Zum Schluss werden die Umrisse ausgeschnitten und unten jeweils ein Stück Wolle befestigt.
Die fertigen Ballons werden auf ein Plakat geklebt, sodass alle Fäden an
einer Stelle zusammenlaufen. Kleben Sie dorthin ein Ganzkörper-Foto von
sich selbst: So haben Sie von nun an „alle Fäden in Ihrer Hand".

☺ Tipps

Die Wollfäden sollten ca. 1 m lang sein. Diese können Sie entweder schon
vorbereiten oder – noch besser – Sie lassen sie von den Kindern selbst

zurechtschneiden. Kleben Sie dazu ein Metermaß auf einem Tisch fest und zeigen Sie den Kindern, wie sie den Faden zum Messen anlegen sollen. Damit auch alle Kinder passende Fotos haben, schreiben Sie sie doch einfach schon auf die Materialliste, die die Eltern vor den Ferien bekommen, oder nutzen Sie Bilder von der Einschulung.

27 b. <u>Unsere Schule</u>

✂ Material/Vorbereitung

Jedes Kind benötigt ein weißes DIN-A6-Papier und eventuell ein (Pass-)Foto. Zeichnen Sie die Frontansicht Ihrer Schule auf ein großes Plakat oder ein Stück Tapete. Die Hauptrolle sollten die Fenster spielen und etwa in der Größe DIN A6 dargestellt sein. Für jedes Kind und für Sie selbst benötigen Sie ein Fenster. Schummeln Sie einfach bei Bedarf ein bisschen bei Größe und Anzahl der Fenster.
In eines der Fenster sollten Sie sich selbst zeichnen, sodass es aussieht, als ob Sie hinter dem Fenster sitzen oder stehen. Schreiben Sie Ihren Namen auf die „Fensterbank".

 So geht's

Die Kinder zeichnen ein Selbstporträt auf das DIN-A6-Papier. Den Hintergrund können Sie beliebig farbig anmalen.
Die fertigen Bilder werden in die Fensterhöhlen der vorbereiteten Schule geklebt. Auf die Fensterbänke schreiben die Kinder ihren Namen. Kinder, die schnell fertig sind, könnten z.B. die Schule noch farbig gestalten.

☺ Tipp

Klären Sie zu Beginn mit den Kindern ganz deutlich, ob die Fenster Hoch- oder Querformat haben. Sonst kann es leicht zu Enttäuschung und Tränen kommen, wenn die ganze Arbeit umsonst war.
Besprechen Sie auch – anhand ihrer eigenen Zeichnung – wie die Personen hinter den Fenstern zu sehen sein sollen und wie der Platz eingeteilt werden soll.
Sie können auch wie bei dem Luftballon vorgehen und die Kinder Fotos aufkleben und nur den Hintergrund anmalen lassen.

27c. <u>Unsere Schultüten</u>

✂ Material/Vorbereitung

Für jeden Schüler benötigen Sie ein Blatt mit dem Umriss einer Schultüte. Außerdem brauchen Sie Reste von Krepppapier, Wolle oder Geschenkband, (Pass-)Fotos der Kinder und Plakatkarton/Tapetenrolle (je nach Türgröße).

✦ So geht's

Jedes Kind erhält eine Vorlage mit dem Schultütenumriss. Zuerst wird das Foto aufgeklebt, dann können die Kinder die Schultüte nach dem Vorbild ihrer eigenen Tüte anmalen. Zum Schluss werden die Umrisse ausgeschnitten. An die obere Kante wird leicht gekräuselt ein Stück Krepppapier geklebt und mithilfe einer Schleife zusammengebunden. Alle Schultüten werden auf das Plakat geklebt.

28 Hier bin ich jetzt zu Hause

✳ Ziel

Die Schüler fühlen sich durch etwas, das sie von zu Hause mitbringen, in ihrer neuen Umgebung heimischer.

✂ Material/Vorbereitung

✦ So geht's

Bitten Sie jedes Kind, einen Gegenstand von zu Hause mitzubringen, den es besonders mag und der auch in der Klasse verbleiben kann. Sie können dies in den ersten Schultagen tun, aber auch schon für den ersten Schultag vorbereiten, wenn Sie dies im Materialbrief vor den Sommerferien ankündigen.

Geben Sie den Kindern Gelegenheit, ihren Mitschülern die mitgebrachten Dinge zu zeigen und zu erklären, warum sie sich ausgerechnet hierfür entschieden haben.

 Tipps

Welche Dinge könnten denn mitgebracht werden?

Bücher, Spiele, Kuscheltiere, Fotos, Sitzkissen, ...
Klären Sie im Vorfeld, wie viel Platz die Mitbringsel einnehmen dürfen.
Ein Stofftier in Lebensgröße könnte leicht den Rahmen sprengen!
Wie wäre es, wenn jedes Kind eine Topfpflanze mitbringt, die es selbst pflegen wird. So haben Sie gleichzeitig einen Raumschmuck und die Kinder übernehmen direkt Verantwortung für ihren neuen Klassenraum.

29 Rallye durch die Schule

 Ziel

Die Schüler lernen verschiedene Räumlichkeiten des Schulgebäudes kennen.

 Material/Vorbereitung

Wählen Sie die sieben bis zehn wichtigsten Stellen im Schulgebäude aus, die die Kinder kennenlernen sollen. Überlegen Sie sich zu jeder dieser Stationen eine Aufgabe.
Erstellen Sie einen Laufzettel, der alle Aufgaben enthält. Er sollte sie in schriftlicher Form enthalten, aber auch eine passende Zeichnung oder ein Symbol.

So geht's

Teilen Sie die Klasse in Gruppen zu drei bis fünf Kindern ein. Erläutern Sie die Spielregeln in Ruhe im Klassenraum und gehen Sie alle Aufgaben einmal durch: Lesen Sie sie vor, erläutern die Zeichnungen und besprechen Sie, wie die Lösung notiert werden kann. Geben Sie die Zeit vor, die den Kindern zur Verfügung steht.

⟳ Tipps

Hier einige Beispiele für Aufgaben:

Welche Aufschrift hat die Tür der Sekretärin? Bittet Sie um ein Pflaster.
In welcher Etage sind diese Räume: Werkraum, Küche, Bibliothek, ...?
Wie viele Türen gibt es in unserer Etage?
Wie heißt die Lehrerin der Klasse 4c (Patenklasse)?
Wann hat die Bibliothek geöffnet?
Welcher Raum verbirgt sich hinter der Tür mit der Nummer 23?
Wie heißt die Schulleiterin?

Sie können die Rallye auch so aufbauen, dass die Kinder zu bestimmten Orten im Schulgebäude gehen müssen (z.B. indem sie Fotos suchen) und von dort etwas mitbringen, das Sie vorher bereitgelegt haben. Aus den Anfangsbuchstaben dieser Gegenstände könnte sich dann ein Lösungswort ergeben.
Damit nicht alle Kinder gleichzeitig losstürmen, können Sie sie etwas zeitversetzt losschicken oder am besten auch an unterschiedlichen Stationen beginnen lassen.
Vielleicht können Sie für diese Aktion Eltern, ältere Schüler oder die Paten der Kinder gewinnen, sodass jede Gruppe einen eigenen Helfer hat.
Damit diese Aktivität möglichst ruhig abläuft und Sie nicht den Zorn Ihrer Kolleginnen auf sich ziehen, sollten Sie die Regeln für das Verhalten im Schulgebäude genau besprechen und ggf. vorher schon einmal das Flüstern und Schleichen üben.

30 Gelbe Seiten · Kopiervorlage 30

⭑ Ziel

Die Kinder lernen wichtige Personen der Schule und ihre Funktion kennen und stellen ein Heft zum Nachschlagen her.

✂ Material/Vorbereitung

Sie benötigen für jede Gruppe einen Interviewbogen, am besten auf gelbem Papier, ggf. eine Kamera und einen gelben Schnellhefter aus Pappe.

Auf dem Interviewbogen formulieren Sie verschiedene Fragen, z.B. „Welche Aufgaben haben Sie?" oder „Wobei können Sie uns Kindern helfen?" Sie können auch einfach unsere Vorlage verwenden (Kopiervorlage 30). Das Deckblatt versehen Sie mit der Aufschrift „Gelbe Seiten". Schreiben Sie doch den Namen der Schule und das Schuljahr dazu; eine Fotokollage der interviewten Personen vervollständigt das Deckblatt.

⚙ So geht's

Stellen Sie mit den Kindern folgende Vorüberlegungen an:

„Welche Personen arbeiten in unserer Schule?" – zum Beispiel: Sekretärin, Schulleiterin, Hausmeister, Bibliothekarin, Köchin, Zivildienstleistender ...

„Was möchten wir diese Personen fragen?" Einerseits soll es um die jeweilige Tätigkeit an der Schule gehen, andererseits sind auch persönliche Fragen erlaubt und für die Kinder besonders interessant (Fragen nach Alter, Kindern, Hobbys, ...).

Ergänzen Sie selbst nun gegebenenfalls den Interviewbogen entsprechend.

Und nun beginnt die eigentliche Arbeit: Teilen Sie die Kinder in Kleingruppen ein, von denen jede eine andere Person besuchen und interviewen soll. Schön wäre es auch, wenn die Kinder Fotos machen könnten. Ansonsten können die Kinder auch Zeichnungen anfertigen.

Am Ende stellen sich die Gruppen die Ergebnisse gegenseitig vor. Die Interviewbogen (bzw. deren Reinschrift) werden in dem Schnellhefter gesammelt.

⟲ Tipps

Hilfreich ist es, wenn in jeder Gruppe ein Kind ist, das schon etwas lesen und schreiben kann. Ansonsten können auch die befragten Personen sicher aushelfen. Oder Sie lassen die Kinder durch einen Elternteil oder einen Paten begleiten.

Klären Sie im Vorfeld, wann die zu befragenden Personen ansprechbar sind. Nur so vermeiden Sie, dass diese in ihrer Arbeit gestört werden oder die Kinder enttäuscht sind, weil sie jemanden nicht antreffen.

31 Türschilder

☀ Ziel

Die Kinder lernen die Funktion und die Lage von Fachräumen im Schulgebäude kennen und fertigen entsprechende Türschilder an.

✂ Material/Vorbereitung

Für jeden Fachraum benötigen Sie ein Plakat.

⚙ So geht's

Besuchen Sie mit Ihrer Klasse nach und nach alle Fachräume im Schulgebäude, geben Sie den Kindern Zeit, sich dort umzusehen (es bieten sich hier auch die Rätsel-Spiele zur Erkundung des Klassenraumes an, >> *siehe Idee 25*). Besprechen Sie, von wem und wozu der Raum genutzt wird. Anschließend können ein bis drei Freiwillige gemeinsam das Türschild malen (z.B. in einer Freiarbeitsphase oder als Hausaufgabe). Selbstverständlich werden die Schilder auch an den dazu passenden Türen befestigt.

↻ Tipps

Nehmen Sie sich immer nur einen Fachraum pro Tag vor, damit Sie die Kinder nicht verwirren. Klären Sie vorher, ob die Räume auch frei sind.

32 „Schlacht"-Plan

☀ Ziel

Vor dem Verlassen des Klassenraumes wird alles Wichtige für die Erkundung von Schule bzw. Schulhof oder einen Ausflug geklärt.

✂ Material/Vorbereitung

Sie benötigen gegebenenfalls ein Plakat und Symbolkärtchen für die einzelnen Regeln.

🪷 So geht's

Bevor Sie zu einer Erkundung oder einem Ausflug den Klassenraum verlassen, sollten Sie alle grundlegenden Dinge klären, da es später immer schwierig ist, alle Schüler dazu zu bewegen, zuzusehen bzw. zuzuhören. Stellen Sie klare Regeln auf und visualisieren Sie diese durch ein Symbol. Dieses heften Sie auf ihren „Schlacht"-Plan (also das Plakat). Dann haben Sie bei weiteren Ausflügen die bekannten Regeln schon parat und können ganz einfach ggf. neue Regeln ergänzen.

⟳ Tipps

Versuchen Sie, möglichst wenige und auf jeden Fall eindeutige Regeln zu finden. Einige müssen ggf. vorher geübt werden, z.B. das Flüstern, Schleichen oder paarweise Gehen.

Positiv formulierte Regeln werden von den Schülern im Allgemeinen besser akzeptiert und umgesetzt als Verbote, da sie ein erwünschtes Verhalten bekräftigen und eine Verhaltensmöglichkeit direkt vorgeben. Vergleichen Sie selbst:

„Rennen ist verboten" und „Wir gehen langsam."

Wenn das Rennen verboten ist, kann man theoretisch auch hüpfen oder krabbeln. Sie werden sich wundern, wie spitzfindig Kinder bisweilen sein können.

 33   Das große Chaos-Spiel

❄ Ziel

Die Kinder lernen das Schulhofgelände sozusagen bis in die letzte Ecke kennen.

✂ Material/Vorbereitung

Zeichnen Sie auf ein Stück Tapete den Spielplan: ein Startfeld und 50 nummerierte Felder. Das 50. Feld ist gleichzeitig das Ziel.
50 Karteikarten (DIN A6) werden folgendermaßen beschriftet: Auf der Vorderseite werden sie von 1 bis 50 durchnummeriert. Auf der Rückseite

erhalten sie eine willkürliche achtstellige Ziffernfolge. Die Kärtchen werden gelocht und mit einer Schnur an beliebigen Stellen auf dem Schulhof festgebunden, sodass nur die Nummerierung zu lesen ist.

Erstellen Sie eine Aufgaben-Liste: Notieren Sie die Zahlen 1 bis 50. Hinter jede der Zahlen schreiben Sie die achtstellige Ziffernfolge von der Rückseite der Kärtchen und eine Aufgabe, die die Kinder erledigen sollen (siehe Tipps).

Außerdem benötigen Sie einen Würfel und für jede Mannschaft eine andersfarbige Spielfigur. Gegebenenfalls brauchen Sie – je nach Auswahl der Aufgaben – weitere Requisiten.

🎇 So geht's

Teilen Sie die Kinder in (Vierer-)Gruppen ein. Jede Gruppe stellt ihre Spielfigur auf das Startfeld. Die erste Mannschaft würfelt und setzt ihre Figur entsprechend weiter. Landet Sie z.B. auf dem Feld mit der 5, müssen die Kinder dieser Mannschaft ausschwärmen und das Kärtchen mit der 5 suchen. Nun müssen sie sich gemeinsam die achtstellige Ziffernfolge auf der Rückseite merken und zu Ihnen und dem Spielplan zurückkehren. Wenn sie die acht Zahlen in der richtigen Reihenfolge aufsagen können, erhalten Sie die dazugehörige Aufgabe. Nachdem Sie die Aufgabe erfüllt haben, dürfen sie weiterwürfeln usw.

Das Spiel heißt nicht umsonst Chaos-Spiel: Denn alle Mannschaften durchlaufen diesen Zyklus mehr oder weniger gleichzeitig. Direkt nachdem die erste Mannschaft gewürfelt und gesetzt hat und losläuft, würfelt die nächste Mannschaft usw.

Es bekommt immer diejenige Mannschaft eine neue Aufgabe gestellt, die gerade zum Spielfeld zurückkehrt. D.h. es wird keine bestimmte Reihenfolge eingehalten, sondern wer zuerst kommt, mahlt zuerst.

↻ Tipps

Wenn die Kinder Probleme haben, sich die achtstellige Ziffernfolge zu merken, geben Sie ihnen einen Tipp: Die Kinder müssen sich absprechen, sodass sich immer ein Kind die ersten beiden Ziffern merkt, ein anderes die nächsten beiden usw.

Hier einige Beispiele für Aufgaben:

≈ Hüpft 20-mal auf einem Bein!

≈ Lauft rückwärts zur Schaukel und zurück!

≈ Wie viele Fenster hat die Schule auf der Schulhofseite?

≈ Sagt einen Zungenbrecher auf!

≈ Singt ein Lied vor!

≈ Sammelt zehn Steine!

≈ Wie heißt ein weibliches Schwein?

34 **Wir sind jetzt auch da!**

 **Ziel**

Die Kinder gestalten einen Teil des Schulhofes oder des Schulgebäudes mit, verewigen sich so und zeigen den anderen Klassen, dass sie nun auch ein Teil der Schule sind.

Vielleicht können Sie ja Ihre Kolleginnen für diese Idee begeistern.

Dann kann sich ein fest verankertes Ritual für alle neuen Klassen daraus entwickeln.

34 a. Wandmalerei

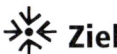 **Material/Vorbereitung**

Reservieren Sie eine freie Wand im Schulgebäude oder auf dem Schulhof. Kleben Sie den Fußboden mithilfe von Malerkrepp und -folie ab. Außerdem benötigen Sie Abtönfarben und Malutensilien.

So geht's

Einigen Sie sich mit den Kindern auf ein gemeinsames Thema zu ihrem Bild, z.B. Blumenwiese oder Aquarium. Jedes Kind wird später einen Teil davon gestalten, also eine Blume oder einen Fisch.

Am besten lassen Sie die Kinder zunächst einen Entwurf auf Papier machen. Dazu eignet sich besonders eine Bleistiftzeichnung der Umrisse. Dabei sollten Sie das Papier so wählen, dass die Größe der Vorzeichnung auch der des Endproduktes entspricht. Das erleichtert es den Kinder, ihren Entwurf später auf die Wand zu übertragen.

Auf der Wand werden schließlich zuerst die Umrisse mit Bleistift aufgezeichnet und anschließend mit der Abtönfarbe ausgemalt.

Je nach Motiv kann es nötig sein, die gesamte Wand vorher zu grundieren, z.B. grün als Wiese oder blau als Wasser. Planen Sie eine angemessene Trockenzeit ein.

☺ Tipps

Diese Aufgabe kann eigentlich nur in Kleingruppen gelöst werden. Holen Sie sich dafür doch einfach Eltern zur Hilfe.

Üben Sie mit den Kindern vorher den Umgang mit der Abtönfarbe, damit diese nicht an der Wand herunterläuft oder zu sehr tropft. (Wie weit tauche ich den Pinsel ein? Wie viel Farbe muss ich mit dem Pinsel aufnehmen? Darf ich die Farbe mit Wasser verdünnen?)

Teilen Sie den Eltern das Vorhaben rechtzeitig mit und bitten Sie sie, den Kindern dafür alte Kleidung anzuziehen.

34b. Unser Blumenbeet

Material/Vorbereitung

Reservieren Sie eine freie Fläche auf dem Schulhof. Zur Not tut es auch ein großer Blumenkübel. Außerdem benötigen Sie Samen, Blumenzwiebeln oder Jungpflanzen sowie kleine Schaufeln (auch Sandspielzeug eignet sich) und Gießkannen.

So geht's

Falls Sie die Pflanzen selbst aus Samen ziehen möchten, sollten Sie dies zunächst in kleinen Blumentöpfen auf der Fensterbank im Klassenraum tun. Setzen Sie die Zwiebeln bzw. Jungpflanzen mit den Kindern in das Beet/den Kübel. Angießen nicht vergessen!

Lassen Sie einige Kinder noch ein kleines Schild basteln, das Sie vor dem Beet/Kübel befestigen, sodass die Schüler der anderen Klassen Bescheid wissen und nicht versehentlich Pflanzen ausreißen oder beschädigen.

Die Pflänzchen müssen natürlich regelmäßig gepflegt werden. Das kann einerseits in der Hofpause geschehen. Andererseits sollten Sie sich von Zeit zu Zeit gemeinsam mit der ganzen Klasse vergewissern, ob die Pflanzen auch gedeihen, und ferner besprechen, was sie zum Wachsen benötigen, wie der Lebenszyklus der verschiedenen Arten verläuft oder wie bestimmte Pflanzen genutzt werden können.

☺ Tipps

Teilen Sie den Eltern das Vorhaben rechtzeitig mit und bitten Sie sie, den Kindern dafür alte Kleidung anzuziehen.

Lassen Sie jedes Kind selbst Pflanzen bzw. Samen mitbringen. Das verringert einerseits Ihren Arbeitsaufwand, anderseits können Sie sich dann auf ein richtiges Überraschungsbeet freuen.

Richten Sie ein Klassenamt zur Pflege des Beetes ein.

34 c. <u>Walk of Fame</u>

✂ Material/Vorbereitung

Reservieren Sie eine freie Wand oder ein Stück geteerten Weg.
Sie benötigen Abtönfarben, Pinsel usw.

☼ So geht's

Jedes Kind wird sich mit seinen Hand- oder Fußabdrücken verewigen. Dazu werden Hände bzw. Füße mit Abtönfarbe eingepinselt und auf die Wand bzw. den Boden gedrückt. Nach dem Trocknen können mit einem feinen Pinsel noch die Namen der Kinder in die Abdrücke geschrieben werden.

☺ Tipp

Üben Sie die Technik vorher auf Papier.

 **Projekte auf dem Schulhof**

 Ziel

Durch Unterrichtsprojekte auf dem Schulhof lernen die Kinder dieses
Gelände besser kennen.

Material/Vorbereitung

Das richtet sich ganz nach dem ausgewählten Projekt.

So geht's

Versuchen Sie, einzelne Unterrichtsstunden oder Teile von Projekten auf dem
Schulhof durchzuführen. So erhalten die Kinder eine Extra-Portion frischer
Luft und Bewegung und lernen ganz nebenbei das Gelände besser kennen.

Hier einige Ideen:

Beim Projekt-Thema „Schnecken" können die Kinder Tiere auf dem Schulhof
suchen und sie beobachten. Mithilfe dieser Erkenntnisse können sie entsprechende Arbeitsblätter bearbeiten.

Pflanzen Sie mit den Kindern im Schulgarten, einem Beet oder Pflanztrögen
Zwiebeln von Frühblühern. Wie stolz werden die Kinder sein, wenn sie im
Frühling den Erfolg sehen und das Pflanzenwachstum beobachten können.

Verlegen Sie die Sportstunde auf den Schulhof: Versteck-, Lauf-, Ballspiele
und vieles mehr lassen sich hier ebenso gut durchführen wie in der Turnhalle. Außerdem ersparen Sie sich so wenigstens manchmal das anfangs
so zeitaufwändige Umziehen.

Auch Musikunterricht kann gut im Freien stattfinden: Singen kann man
überall. Oder: Wer findet Dinge auf dem Schulhof, die klingen?
Können wir damit ein Lied begleiten?

Sie wollen den Herbst künstlerisch einfangen? Lassen Sie die Kinder auf dem
Schulhof nach den Farben des Herbstes suchen. Sammeln Sie Blätter,
Kastanien usw. als Farbbeispiele für den Klassenraum.

„Allein kann keiner diese Sachen"

Eine Klassengemeinschaft aufbauen

Egal, ob Sie jahrgangsübergreifend in der Schuleingangsphase unterrichten oder einfach nur eine 1. Klasse übernehmen, Sie legen in dieser Zeit wichtige Grundlagen für das gemeinsame Lernen in den folgenden Jahren, auch und besonders über die Grundschule hinaus. Kooperation, Empathie, Toleranz sind Kompetenzen, die nur langfristig gefördert werden können. Aber wenn Sie gleich zu Beginn der Schulzeit hierfür eine gute Grundlage bilden, sind die Kinder bestens gerüstet, um in einer Klassengemeinschaft weiter zu bestehen und diese bestmöglich für ihr eigenes Lernen zu nutzen.

Von kooperativem Verhalten, von einem empathischen Umgang miteinander profitiert jeder.

In einer Zeit, in der jedoch „Vereinsamung von Kindern" fast schon zu einem Schlagwort geworden ist, halten wir es für wichtig, auf diese Kompetenzen ein besonderes Augenmerk zu richten.

Doch es geht nicht nur um den generellen Erwerb dieser Fähigkeiten. Ganz konkret soll der Zusammenhalt der Kinder gerade dieser aktuellen Klasse gefördert werden. Denn dies ist wiederum eine ganz wichtige Grundlage dafür, dass die Kinder sich in ihre neue Umgebung einleben.

Im Folgenden möchten wir Ihnen hierzu deshalb Übungen anbieten, die Sie einfach und jederzeit in Ihren Schulalltag integrieren können.

 **Unser Klassenmaskottchen**

 **Ziel**

In der Regel haben Lerngruppen an Regelschulen als Klassenkennzeichnung Zahlen und Buchstabenkombinationen (z.B. Klasse 1a). Wir möchten Ihnen ans Herz legen, zusätzlich mit Ihrer Klasse ein Tier als Klassenmaskottchen auszusuchen. Dahinter steht das Ziel, dass sich die Kinder anders mit der Lerngruppe identifizieren und Sie so mit geringen Mitteln zu freudvollerem Lernen beitragen. Außerdem bietet solch ein Klassentier sehr viele Lernanreize. Sie können dazu fächerübergreifend arbeiten und sogar ganze Projekttage daraus gestalten. Die Identifikation der Kinder mit „ihrem" Tier führt bei vielen Kindern zu einer höheren Lernmotivation und kann in verschiedenen Unterrichtssituationen hilfreich sein *(>> siehe Ideen 16 und 19)*.

Material/Vorbereitung

Tierbücher, Lexika, ggf. Internet; schön wäre auch ein Klassenmaskottchen zum Anfassen, sprich ein Stofftier oder eine Handpuppe.

So geht's

Stellen Sie Ihrer Klasse verschiedene Tierbücher und Lexika zur Verfügung und bitten Sie die Kinder, selbst auch eigene Bücher mitzubringen. Teilen Sie die Kinder in Gruppen von zwei oder drei Schülern und geben Sie den Arbeitsauftrag, dass sie ihr liebstes Tier heraussuchen. In der ersten Klasse werden die Kinder in erster Linie nach Bildern entscheiden. Wenn Sie die Möglichkeit haben, möchten wir Ihnen empfehlen, für diese Erarbeitungsphase Eltern als Lesepaten *(>> siehe auch Idee 74)* einzuladen. Diese können sich zu den Arbeitsgruppen setzen und kurze Texte zu den Tieren, die die Kinder in die engere Auswahl genommen haben, vorlesen. Haben sich die einzelnen Arbeitsgruppen auf ein Tier geeinigt, stellen sie dieses den Mitschülern vor. Die gesamte Klasse kann dann per Mehrheitsentscheidung ein Klassenmaskottchen auswählen.

Ein Poster an der Klassentür, ein passender Button *(>> siehe Idee 20)* für jedes Kind usw. macht aus der recht nüchternen „Klasse 1a" die, wie wir finden, farbenfrohen „Mauersegler", „Grauwale", „Seeadler" o. Ä.

 **Tipps**

Vielleicht haben Sie aber auch Lust, Ihre Kollegen auf einer Schulkonferenz
von der Abschaffung der Zahl-/Buchstabenkombination als Klassenkenn-
zeichnung zu überzeugen und schulintern gemeinsam stattdessen zum
Beispiel Tiernamen einzuführen. In Schulen mit jahrgangsübergreifenden
Klassen brauchen Sie generell Alternativen zur Kennzeichnung, da sie eine
Lerngruppe sicher nicht Klasse 1/2/3a nennen wollen.

37 Kleine Hand in großer Hand

 **Ziel**

Die Erstklässler gestalten jeweils mit ihrem älteren Paten (>> *siehe Idee 1*)
gemeinsam ein Schild für die Klassentür. Dieses Plakat zeigt nicht nur,
welche Kinder in dieser Klasse (und darüber hinaus) gemeinsam leben und
lernen und füreinander da sind, es zeigt auch soziale Strukturen, denn es
erinnert stets an Kooperation, Gemeinsamkeit und Toleranz.

 **Material/Vorbereitung**

Sie benötigen in Klassenstärke weißes Tonpapier im DIN-A5-Format,
außerdem ein Stück Tapete oder ein Plakat (am besten in Türgröße),
dunkle Filzstifte, Kleber, Abtönfarben, Pinsel usw. und eine Wasch-
gelegenheit für die bemalten Hände.

So geht's

Pate und Patenkind arbeiten jeweils zusammen. Zuerst pinselt der Pate seine
Hand mit Abtönfarbe ein und setzt seinen Handabdruck mittig auf das
Papier. Dieser muss nun gut antrocknen.
Dann pinselt das Patenkind seine Hand ebenfalls ein und setzt seinen
kleineren Handabdruck in den großen seines Paten hinein. Auch dieser
muss gut antrocknen.
Zum Schluss werden in die Fingerspitzen noch die jeweiligen Namen der
Kinder geschrieben. Dabei werden die Buchstaben möglichst gleichmäßig
auf die fünf Finger verteilt.

Die Abdrücke aller Kinder kleben Sie nun zusammen auf das Plakat bzw. die Tapete.

 **Tipp**

Damit man die Namen der Kinder und die kleineren Handabdrücke gut erkennen kann, sollten die Kinder gut kontrastierende Farben verwenden. Dies sollte man am besten in einem Vorgespräch klären und sogar einige Farbkombinationen beispielhaft ausprobieren. Bitte denken Sie dabei auch an Ihren eigenen Handabdruck!

Klären Sie vorab, wie sich die Kinder zwischen den einzelnen Arbeitsschritten (während die Abdrücke trocknen) beschäftigen sollen.

38 Spielerische Kooperation

 **Ziel**

Miteinander zu kooperieren bedeutet, empathisch zu sein, zuhören zu können, nonverbale Zeichen zu verstehen, und es beinhaltet die Fähigkeit, auf die Gefühle anderer einzugehen. Und gerade weil in der Kooperationsfähigkeit nahezu alle anderen emotionalen Fertigkeiten zusammenkommen, fällt der Stärkung dieser Kompetenz unseres Erachtens eine besonders wichtige Rolle zu.

Zur Anbahnung von kooperativem Verhalten können Sie schulorganisatorische Rahmenbedingungen nutzen, die u. a. die Räumlichkeiten, die Sitzordnung und einen variablen Stundenplan beinhalten. Auch Ihr eigenes Verhalten, zu dem u. a. Interesse, Geduld und Unterstützung gehören, hat Einfluss auf den „kooperativen Geist" in Ihrer Klasse. Und natürlich können Spiele und Übungen die Wege dahin aufzeigen.

Bitte unterschätzen Sie den Wert dieser spielerischen Erfahrungen nicht.

Übungen zur Beziehungsfähigkeit schulen nie nur die Fähigkeit, wie die Kinder mit anderen umgehen. Ihr Wirken ist nicht nur nach außen gerichtet. Zum pädagogischen Kooperationsbegriff gehört auch, dass der Einzelne durch die Zusammenarbeit mit anderen Anregungen, Ergänzungen und Korrekturen für die Entfaltung seiner individuellen Möglichkeiten erhält, was einen erheblichen Beitrag zur Selbstreflexion leistet und nach innen gerichtet ist. Je mehr Sie Ihren Kindern Möglichkeiten anbieten, ein starkes inneres Fundament zu entwickeln, umso größer ist die Möglichkeit für ein gemeinsames Lernen, das von ethischen Werten geprägt ist.

38 a. Kettenfangen

Material/Vorbereitung

Sie benötigen viel Platz, z.B. die Turnhalle oder den Schulhof.

So geht's

Dieses Spiel können Sie im Sportunterricht, auf Wandertagen, oder einfach auf dem Schulhof spielen. Ein Kind ist der Fänger, alle anderen Kinder sind die Gejagten und laufen umher. Berührt der Fänger ein Kind, fassen sich diese beiden an der Hand und gehen nun gemeinsam auf die „Jagd". Jeder, der von den beiden geschnappt wird, wird an die Hand genommen. So entsteht eine immer größere Kette von Fängern. Die Schwierigkeit besteht darin, einander beim Umherrennen nicht loszulassen. Die Kinder müssen sich dazu absprechen und empathisch auf die Bewegungen in der Gruppe achten und reagieren. Um das Spiel am Anfang zu erleichtern, kann die Gruppe z. B. ab fünf Kindern halbiert werden.
Beenden Sie das Spiel, wenn es zu lange dauert. Vielleicht schaffen es aber auch die Fänger, alle Kinder zu fangen.

Tipps

Unterstützen Sie Ihre Kinder, indem Sie erklären, worauf es bei dem Spiel ankommt. Wenn jeder in der Kette in eine andere Richtung stürmt, reißt sie auseinander. Es ist wichtig, einen „Leitwolf" zu bestimmen und diesen zu unterstützen.

38 b.  Fangen und Befreien

✂ Material/Vorbereitung

─────

✲ So geht's

Dieses Spiel beginnt wie das eben beschriebene mit einem Fänger. Wenn dieser einen Mitschüler schnappt, bleibt der Gefangene stehen und grätscht die Beine. Die noch „freien" Kinder können den Mitschüler erlösen, indem sie durch seine Beine durchkrabbeln. Sie müssen also nicht nur für sich alleine sorgen, indem sie darauf achten, selbst nicht gefangen zu werden. Ebenso wichtig sind die bereits gefangenen Mitspieler. Nur wenn man für diese auch einmal etwas riskiert, kann man gegen den Fänger bestehen. Eine weitere wichtige Regel: Der Fänger darf keine „Katzenwache" halten, also nicht bei einem abgeschlagenen Kind stehen bleiben und warten, bis es jemanden befreien will, um dann beide Kinder zu fangen.

☉ Tipps

Um draußen die Hosen und Knie der Retter zu schonen, können die gefangenen Kinder auch auf allen Vieren knien und mit einem „Bocksprung" über den Rücken erlöst werden.

38 c.  Einen Knoten lösen *(Gordischer Knoten)*

✂ Material/Vorbereitung

─────

✲ So geht's

Lassen Sie sich die Kinder Schulter an Schulter in einem Kreis aufstellen und die Hände in die Mitte strecken. Jedes Kind greift sich zwei Hände, aber nicht zwei Hände derselben Person und nicht die Hände der Nachbarn.

Sagen Sie nun an, dass es darum geht, den „Knoten" aufzulösen, und zwar ohne dabei eine Hand loszulassen. In der Regel lässt sich mit mehr oder weniger starken Verrenkungen der Knoten lösen. Dann stehen die Kinder alle Hand in Hand in einem Kreis. Manchmal entstehen zwei Kreise, manchmal geht es auch gar nicht. In jedem Fall haben die Kinder gemeinsam versucht, ein Problem zu lösen und dabei fest zusammengehalten.

38 d. Drei-Bein-Lauf

✂ Material/Vorbereitung

Pro Paar ein Tuch/eine Kordel, eine Start- und Zielmarkierung

✺ So geht's

Bei diesem Wettlauf treten Paare gegeneinander an. Die Partner laufen nebeneinander; das linke Bein des einen und das rechte Bein des anderen sind zusammengebunden: So entsteht der Eindruck, dass die beiden nur drei Beine haben. Das gemeinsame Laufen gelingt nur, wenn beide Kinder sich absprechen, auf die Bewegungen des anderen achten und sich einander anpassen.

38 e. Paar-Kunst

✂ Material/Vorbereitung

Pro Paar ein Blatt Zeichenpapier und ein Stift.

✺ So geht's

Jeweils zwei Kinder sollen zusammen ein Bild malen. Dabei sitzen sie sich gegenüber – das Blatt Papier in der Mitte – und halten beide denselben Stift fest. Sie müssen sich also genau miteinander verständigen, in welche Richtung sie den Stift auf dem Papier führen.

☺ Tipps

Um die Aufgabe zu erleichtern, können Sie den Kindern ganz konkrete, am besten überschaubare Malaufträge geben, z.B. ein Haus, einen Hund … malen.

38 f.  Fünf Füße, drei Hände und ein Kopf

✂ Material/Vorbereitung

Sie brauchen viel Platz (z.B. in der Turnhalle) und ggf. einen CD-Spieler und eine Musik-CD.

☼ So geht's

Teilen Sie die Klasse in möglichst gleich große Gruppen ein.

Während die Musik ertönt, bewegen sich die Kinder frei im Raum. Nach einiger Zeit stoppen Sie die Musik und rufen eine Anweisung in den Raum: z.B. „Fünf Füße, drei Hände und ein Kopf!"

Die Kinder einer Gruppe müssen sich nun möglichst schnell an einer Stelle sammeln und dieser Anweisung entsprechend aufstellen: nur fünf Füße, drei Hände und ein Kopf dürfen den Boden berühren. Die Kinder müssen sich also absprechen und gegebenenfalls auch stützen, damit alle einigermaßen stabil stehen.

39  Gruppen bilden

☼ Ziel

Sie kennen das sicher: Sie wollen eine Partner- oder Gruppenarbeit machen, teilen die Kinder entsprechend ein und es kommt vor (eben weil es noch an Toleranz und dem Wissen mangelt, dass Andersartigkeit eines Gegenübers

Entwicklungspotenziale für das eigene Selbst bereithält), dass Kinder meckern: „Mit Peter will ich aber nicht zusammenarbeiten!"
Bis Sie eine Lernatmosphäre geschaffen haben, die von Toleranz und Kooperationsfähigkeit geprägt ist, können Sie diese Diskussion mit den im Folgenden beschriebenen kleinen Ritualen umgehen. Manch ein Kind wird dann sicher immer noch diskutieren, vielleicht gibt es auch noch Tränen, aber unsere Erfahrungen haben gezeigt, dass diese Methode als sehr gerecht empfunden wird, und die Kinder dann auch beginnen, sich gegenseitig zu beruhigen oder Trost zuzusprechen. Versuchen Sie es ruhig ein paar Mal.

39 a.  Das Atomspiel

✂ Material/Vorbereitung

Vereinbaren Sie ein akustisches Signal (Trommel, Pfeife, Triangel usw.).

⚛ So geht's

Bitten Sie die Kinder, durch den Raum zu laufen. Nach einiger Zeit geben Sie das vereinbarte Signal und sagen dann eine Zahl. Diese Zahl gibt an, zu wie vielen sich die Kinder zusammenfinden sollen, um ein „Atom" zu bilden. Hierzu stellen sich die Kinder in einen Kreis und fassen sich an den Händen. Ein erneutes akustisches Signal fordert die Kinder auf, sich weiter durch den Raum zu bewegen, bis Sie wieder das Zeichen geben und eine neue Zahl nennen.

➰ Tipp

Dieses Spiel können Sie gut im Sportunterricht mit mehreren Durchgängen einführen. Später kann es dann auch im Klassenraum genutzt werden, wenn die Kinder Gruppen einer bestimmten Größe bilden sollen.
Um zu verhindern, dass doch nur wieder befreundete Kinder versuchen zusammenzukommen, können Sie folgende Regeln aufstellen: Alle müssen sich durch den gesamten zur Verfügung stehenden Raum bewegen.
Die Atome werden immer mit denjenigen Kindern gebildet, die sich am nächsten sind, wenn das Signal ertönt.

39 b. Kinder-Memory®

✂ Material/Vorbereitung

Memory®-Karten und ein Säckchen oder eine Dose

⚙ So geht's

Vielleicht haben Sie noch ein Memory®-Spiel aus Ihrer eigenen Kindheit, ansonsten sind Trödelmärkte immer gute Adressen, um sich solche Dinge preisgünstig zu besorgen.

Sie brauchen für jedes Kind eine Karte; sortieren Sie also überschüssige Paare aus. Legen Sie die benötigten Memory®-Karten-Paare in den Sack oder die Dose. Jedes Kind zieht eine Karte und geht dann auf die Suche nach seinem Partner, dem Kind mit der gleichen Karte.

39 c. Kastanien, Steine, Perlen

✂ Material/Vorbereitung

Sammeln Sie Kastanien, einander ähnelnde Steine, Perlen, Schaumkugeln, Spielfiguren, Knöpfe o.Ä., jeweils etwa in sechsfacher Ausfertigung, dazu ein Säckchen oder eine Dose. Zur übersichtlichen Aufbewahrung der verschiedenen Dinge eignet sich hervorragend eine Kiste mit einzelnen Fächern, wie es sie in Baumärkten gibt.

⚙ So geht's

Für Gruppenarbeit reichen Memory®-Karten nicht aus. Jetzt kommen die gesammelten Gegenstände zum Einsatz. Wenn Sie beispielsweise vier 6er-Gruppen brauchen, legen Sie jeweils sechs Teile von vier verschiedenartigen Dingen in das Säckchen bzw. die Dose. Die Kinder ziehen nacheinander einen Gegenstand. Alle mit dem gleichen Ding bilden dann eine Gruppe.

↻ Tipps

Sie können sich auch – statt völlig verschiedene Dinge zu verwenden – auf eine Sorte beschränken und diese in verschiedenen Ausführungen anbieten, also z.B. Spielfiguren je sechs in rot, blau, gelb, grün. Die Kinder mit den gleichfarbigen Figuren bilden dann eine Gruppe.

40 Wohldosierte Gruppenarbeit

 **Ziel**

Zur Einführung der Gruppenarbeit kann es hilfreich sein, wenn jedes Kind zunächst ein eigenes Teilstück herstellt und später alle Teile zu einem großen Ganzen zusammengefügt werden. Das hat den Vorteil, dass die Kinder zunächst wenig untereinander absprechen und miteinander koordinieren müssen. Trotzdem entsteht eine Gemeinschaftsarbeit. Auf diese Weise können Sie den Kindern einen sanften Einstig in die doch ziemlich anspruchsvolle Gruppenarbeit bieten.

 Material/Vorbereitung

je nach Projekt

 **So geht's**

Lassen Sie jedes Kind in einem Unterrichtsfach Ihrer Wahl einen Teil eines „großen Ganzen" anfertigen.

Die beiden folgenden Beispiele zeigen Ihnen, wie einfach das geht:

Sie führen z.B. in Mathematik die Zahlen bis 20 ein. Verteilen Sie an jedes Kind ein Stück Papier und ordnen Sie jedem Kind eine Zahl zu. Wenn Sie mehr als 20 Schüler haben, können Sie auch einzelne Ziffern verteilen, d.h. bei der 18 wird die „1" von einem anderen Kind bearbeitet als die „8". Die Zahlen bzw. Ziffern werden nun farbig ausgestaltet. Kinder, die die Zahlenreihe schon kennen, können die fertigen Zahlen ordnen und in der Klasse oder vor dem Klassenraum aushängen.
Sie haben so ein Gruppenprojekt geschaffen, auf das die Kinder mit Stolz schauen, und sich gleichzeitig auch ein schönes Unterrichtsmaterial erstellt, mit dem Sie noch weiterarbeiten können.

Im Kunstunterricht bietet sich Kandinskys „Farbstudie Quadrate" an. Das Werk besteht aus zwölf quadratischen Feldern (je vier in drei Reihen untereinander). Jedes Quadrat ist mit konzentrischen Kreisen in verschiedenen Farben gefüllt.

Für eine „wohldosierte" Gruppenarbeit kann jedes Kind einen oder mehrere Kreisbilder auf quadratischem Papier gestalten. Anschließend werden alle Einzelwerke auf einem Plakat zu einem Gesamtkunstwerk angeordnet. Wenn die Kinder sehr viele Teile gestaltet haben, können natürlich auch gleich mehrere Plakate geklebt werden.

Bei der Anordnung können dann wieder mehrere oder sogar alle Kinder mitwirken und sich untereinander abstimmen, wie es am schönsten wirkt. Ein sehr schönes, ansprechendes Kinderbuch zum Thema ist „Swimmy" (siehe Literatur- und Internettipps, S. 239), indem viele kleine Fische es durch Zusammenarbeit schaffen, sich vor den großen Fischen im offenen Meer zu schützen. Wenn Sie die Geschichte mit den Kindern besprochen haben, kann jedes Kind einen kleinen Fisch gestalten. Aus allen gemeinsam wird dann ein großer Fisch zusammengeklebt.

⟳ Tipps

Sie können diese Arbeitsform in jedem Unterrichtsfach anwenden. Sie können gemeinsam Kollagen, Plakate, Wandbilder, Girlanden erstellen, eben alles, was sich ergänzen oder zusammenbringen lässt.

41 Alle für einen

☀ Ziel

Die Kinder erfahren, an welchen Mitschüler sie sich wenden können, wenn sie Hilfe brauchen. Dabei werden auch Kontakte außerhalb der Schulzeit gefördert.

41a. <u>Das Erste-Hilfe-Plakat</u>

⚛ Ziel

Wie Sie wissen, haben alle Kinder in Ihrer Klasse unterschiedliche Talente und Fähigkeiten. Machen Sie sich diese zunutze und ermöglichen Sie Ihren Kindern, diese Kapazitäten auch untereinander annehmen zu können. Ein Erste-Hilfe-Plakat ist eine schöne und praktische Idee, um hier für Überblick zu sorgen.

✂ Material/Vorbereitung

Erstellen Sie eine Vorlage mit Symbolen (z.B. Stift für „Schreiben"), hinter denen die Helfer-Kinder ihren Namen eintragen. Sie können auch einfach unsere Kopiervorlage 41a verwenden. Vergrößern Sie sie am besten auf DIN A3.

⚙ So geht's

Fragen Sie Ihre Kinder, wer welche Aufgaben besonders gut kann und wer bei Schwierigkeiten in diesem Bereich als Ansprechpartner für seine Klassen-kameraden zur Verfügung stehen würde. Einige Kinder können schon sehr gut schreiben, oder lesen. Andere sind fit im Rechnen und Zeichnen, wieder andere haben eine sehr saubere Handschrift oder kennen sich mit dem PC aus. Tragen Sie die freiwilligen Helfer auf dem Plakat ein.

Gut sichtbar im Klassenraum aufgehängt, können sich die Kinder jederzeit ihre Ansprechpartner bei Schwierigkeiten heraussuchen.

↻ Tipps

Prinzipiell sollten alle Kinder die Möglichkeit haben, den anderen ihre besonderen Dienste zur Verfügung zu stellen. Seien Sie also offen für weitere Rubriken und ergänzen Sie diese auf dem Plakat. Warum soll es nicht einen Experten für Pausen-spiele oder Müllsortierung geben?

Ich helfe!

41b. <u>Unser Klassen-Telefonbuch</u>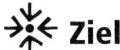
Kopiervorlage 41b

⚛ Ziel

Wir halten es für eine schöne Idee, anstelle einer Telefonliste ein kleines
selbst erstelltes „Klassentelefonbuch" auszugeben. Mit Fotos der Kinder wird
es sicher schnell ein beliebtes Nachschlagewerk. Schön ist es auch, das Buch
mit persönlichen Angaben zu erweitern.

✂ Material/Vorbereitung

Fertigen Sie ein Deckblatt mit einem Telefon darauf an (dies können auch
die Kinder malen). Nun benötigen Sie noch Telefonbuchseiten, in die die
Kinder ihre Adressen eintragen (z.B. von unserer Kopiervorlage 41b). Noch
netter wird es, wenn jedes Kind ein Foto von sich einklebt.

⚙ So geht's

Das Klassentelefonbuch können Sie sehr gut in Partnerarbeit erstellen lassen:
Jeweils zwei Kinder interviewen sich gegenseitig und notieren die Antworten auf der Telefonbuchseite. Im Anschluss ist es immer schön, die Ergebnisse der Klasse zu präsentieren: Hierzu können die Paare vor die Klasse
treten und sich gegenseitig vorstellen: „Das ist Peter. Er wohnt in der
… straße. Seine Telefonnummer ist … Peters Geburtstag ist am … Peter
mag am liebsten …" usw.

↻ Tipps

In der Regel wissen die Kinder ihre Adresse und Telefonnummer in der
1. Klasse noch nicht auswendig. Helfen Sie einfach aus und ergänzen Sie
selbst diese Informationen.

Statt der Fotos können auch (Selbst-)Porträts der Kinder eingeklebt werden.
Wie lustig wäre es, wenn auf den Bildern die Kinder mit einem Telefon am
Ohr zu sehen wären?
Und natürlich bleibt für uns der wichtigste Tipp: Sprechen Sie Eltern an!
Nicht nur für die Unterstützung im Unterricht, sondern auch für alle ande-
ren Arbeiten haben wir die Erfahrung gemacht, dass es wirklich sehr sinnvoll
ist, bei derartigen Projekten bei Eltern nachzufragen, ob Sie Ihnen zur Hand

gehen können. Manch einer arbeitet in einem Computerfachhandel o.Ä. und kann kostenlos die Farbausdrucke übernehmen bzw. die Vervielfältigung der Hefte. Fragen Sie nach, „Networking" ist mittlerweile durchaus gesellschaftlich akzeptiert. Nur Mut!

 Klassen-Knigge

✻ Ziel

Mit verschiedenen Regeln und eingeübten Verhaltensweisen erleichtern Sie sich selbst und Ihren Schülern das gemeinsame Leben in der Klasse. Wir haben festgestellt, dass spielerisch vermittelte Verhaltensvorgaben von Kindern gerne angewandt und ausprobiert werden. Durch diese freudvolle Herangehensweise verbinden sie damit nichts „Lehrmeisterhaftes". Von den Kindern selbst gesammelte und formulierte Klassenregeln haben auf Ihre Schüler eine andere Wirkung, als von Ihnen vorgegebene, weil sie aus „ihren eigenen Reihen" kommen.

42 a. <u>Unsere Klassenregeln</u>

✂ Material/Vorbereitung

───

⚙ So geht's

Bitten Sie die Kinder, sich über das gemeinsame Lernen Gedanken zu machen. Fragen Sie, was die Kinder bräuchten, damit sich alle in der Klasse wohlfühlen und gemeinsam gut gelernt werden kann. Sie können auch eine Fantasiereise machen, in der sie mit den Kindern in Gedanken in ein fernes Land fliegen und durch das Fenster einer Schule in eine ganz chaotischen Klasse blicken, in der die Kinder über Tische und Bänke springen, sich prügeln, anschreien, an den Haaren raufen o. Ä. Wählen Sie ruhig auch Beispiele aus Ihrer eigenen Klasse. Das Betrachten dieser

Situationen mit dem durch die Fantasiereise gegebenen Abstand kann bei den Kindern zu wichtigen Erkenntnissen und Einsichten führen, weil die Identifikation mit der Situation unterbrochen ist. Fragen Sie dann die Kinder, was sie in ihrer Klasse anders machen wollen, damit es nicht so ist wie in der Klasse in der Fantasiereise. Wir haben festgestellt, dass die Kinder sehr genau wissen, was sie brauchen, damit ein gemeinsames Lernen in Achtung und Ruhe möglich ist. Schreiben Sie alles, was die Kinder vorschlagen, an die Tafel.

Wenn Sie alle Vorschläge gesammelt haben, sprechen Sie mit Ihren Kindern über die Wirkung von positiv formulierten Botschaften. Eine Regel, die heißt „Wir sind nicht böse zueinander", sagt immer noch nicht aus, wie man nun miteinander umgehen soll. Die positive Formulierung „Wir gehen nett miteinander um" ist klarer und vermittelt zusätzlich einen anderen Geist. Wenn Sie gemeinsam mit Ihrer Klasse dann noch besprechen, was „nett sein" bedeutet, kann jeder die Regel für sich mit einem inneren Bild füllen und sich angemessen verhalten.

Wenn Sie alle Vorschläge positiv formuliert haben, stimmen Sie mit den Kindern ab, welche Regeln Sie in Ihrer Klasse umsetzen möchten. Treffen Sie vielleicht an diesem Punkt je nach Menge der gesammelten Regeln erst einmal eine Mehrheitsentscheidung.

Die für die Kinder wichtigsten Regeln sollten unseres Erachtens so sein, dass die Formulierung für ALLE richtig ist, denn Sie wollen vielleicht auch das Einverständnis mit den Regeln von den Kindern unterschreiben lassen. Manchmal sind es nur kleine Umformulierungen, die den Kindern wichtig sind, um ihr Einverständnis zu geben. Denken Sie an sich selbst, Sie wollen auch nichts unterschreiben, was Ihnen nicht entspricht. Vertrauen Sie Ihren Schülern, dass sie die Besprechung ernst nehmen und diese Eigenverantwortung für sich übernehmen können.

Wir möchten Ihnen besonders in einer ersten Klasse ans Herz legen, die Regeln mit passenden Bildern darzustellen. Zum einen können noch nicht alle Kinder lesen, zum anderen ist es einfach freudvoller und einprägsamer.

 Tipp

Sie können, wenn Sie viele Klassenregeln haben, auch Kategorien bilden und Regeln zusammenfassen: „Umgang miteinander", „Eigenverantwortung", „Umgang mit dem Arbeitsmaterial" usw. Eine Beschränkung auf wenige Regeln ist eingängiger und bietet eine leichtere Orientierung.

Wir handhaben es so, dass wir die Kinder auch schon in der ersten Klasse eine Einverständniserklärung zu den Regeln unterschreiben lassen. Bei Regelverstößen können wir darauf hinweisen, dass sie selbst eine Einhaltung versprochen und mit ihrer Unterschrift bestätigt haben. Wir haben immer wieder erlebt, dass sich Kinder, auch wenn sie sich nicht sofort an alle Regeln halten, doch recht ehrfürchtig bemühen.

42 b. <u>Notfall-Plan</u>

 **Material/Vorbereitung**

———

So geht's

Es wird immer wieder Zeiten geben, in denen Spannungen in der Klasse entstehen oder Kinder einen Streit austragen und Aggressionen „hochkochen". Es ist wertvoll, wenn Sie mit Ihren Kindern Maßnahmen erarbeiten, wie sie diesen Situationen begegnen können.

Sie können einen „Wut-Notfall-Plan" („Wenn ich wütend bin...") erstellen und mit den Kindern besprechen, was hilft, wenn sie sehr wütend sind. Sollten die Kinder selbst keine Ideen haben, so unterstützen Sie die Erarbeitungsphase mit Vorschlägen, wie „die Situation verlassen", „tief durchatmen", „entspannen", „langsam bis zehn zählen", „ruhig zurückkehren". Sie können auch eine „Wut-Ecke" einrichten, in die sich die Kinder in solchen Fällen, aber dann auch nur in solchen Fällen, zurückziehen können. Um den Kindern den Einstieg in das Thema zu erleichtern und eine angemessene Verhaltensweise anzubahnen, können Sie kleine Rollenspiele dazu üben.

Tipps

Es verlangt schon eine gehörige Portion Selbstreflexion und Selbstbeherrschung von den Kindern, in einer emotional angespannten Situation rechtzeitig zu reagieren und den – ja nur in einer ruhigen und entspannten

Atmosphäre – eingeübten Notfall-Plan zu starten. Sie können die Kinder unterstützen, indem Sie eine Notfall-Karte bereithalten. Immer wenn Sie den Eindruck haben, bei einem Kind ist es gleich so weit, geben Sie ihm die Karte und geben so das Startzeichen für den Notfall-Plan. Das Kind weiß also: „Nun ist es besser, wenn ich mich zurückziehe!"

42c. <u>Rollenspiele I</u>

✂ Material/Vorbereitung

⚙ So geht's

Rollenspiele sind eine gute Möglichkeit, um den Kindern einen angemessenen Umgang miteinander nahezubringen und einen Vorschlag für adäquate Verhaltensweisen in bestimmten Situationen aufzuzeigen. Sehr oft entstehen Konflikte nicht aus Böswilligkeit der beteiligten Kinder, sondern weil sie sich keiner alternativen Verhaltensmöglichkeit bewusst sind. Da wird zum Beispiel ein Kind recht unfreundlich, fast aggressiv von seinem Stuhl geschubst. In Wirklichkeit wollte das „angreifende" Kind jedoch nur vorbeigehen und der Platz reichte nicht aus. Es war nicht in der Lage, freundlich darum zu bitten, vorbeigelassen zu werden, weil es so etwas noch nie gemacht hat.

Besprechen Sie mit Ihren Kindern, dass sie einmal herausfinden wollen, wie man zum Beispiel freundlich um Hilfe bittet. Lassen Sie dazu erst einmal von einem Kind eine sehr unfreundliche Bitte vorspielen und sprechen Sie darüber. Dann lassen Sie verschiedene Kinder zeigen, wie sie glauben, wie man freundlich bittet. Sprechen Sie anschließend auch darüber, betrachten Sie Vor- und Nachteile und wählen Sie dann die beste Umsetzung aus. Lassen Sie das Beispiel von anderen Kindern wiederholen und vielleicht halten Sie es schriftlich fest. Sie können den dazu entstandenen Satz auch in der Klasse aushängen.

Auf diese Art und Weise können Sie verschiedene Verhaltensmuster erarbeiten, die für das friedliche Zusammenleben in der Klasse, aber auch außerhalb der Schule wichtig sind: jemandem seine Hilfe anbieten, sich etwas ausborgen, mit jemandem etwas teilen, sich entschuldigen, jemanden um einen Gefallen bitten...

 **Tipp**

Üben Sie die Verhaltensmöglichkeiten ruhig immer einmal wieder zwischendurch, besonders wenn Sie Situationen beobachten, in denen es Kinder nicht geglückt ist, adäquat zu reagieren.

6

„Heut ist ein Fest bei den Fröschen am See"

Gemeinsame Feste und Ausflüge

Schule ist nicht nur ein Ort des intellektuellen, sondern auch des sozialen Lernens und Lebens. Daher sollten hier Feiern, Feste und Ausflüge ihren festen Platz haben.

Für Kinder ist sicher eines der wichtigsten Feste der eigene Geburtstag. In der Schule kann er den Kindern die Gelegenheit bieten, auch einmal besondere Beachtung zu finden und nicht nur ein Teil der großen Klassengemeinschaft zu sein.

Der Geburtstag kann aber auch als Anlass genommen werden, sich einmal über den (Ab-)Lauf der Zeit und besondere Erlebnisse des eigenen bisherigen Lebens Gedanken zu machen. Dazu stellen wir Ihnen in diesem Kapitel einen besonderen Geburtstagskalender und ein Geburtstagsbuch vor.

Feiern zu Anlässen wie Karneval, St. Martin, Advent sind seit vielen Jahren in der Grundschule fest etabliert. Aber wie wäre es einmal mit einem gemeinsamen Kennenlern-Frühstück mit den Eltern, einem Jahreszeitenfest als Rückschau auf die vergangenen Monate oder einer Zeugnisfeier, um der Überreichung dieses Dokumentes einen würdigen Rahmen zu verleihen?

Auch Ausflüge sind aus der Schule nicht mehr wegzudenken. Doch besonders in der ersten Klasse sind sie gelegentlich nicht ohne Tücke. Daher haben wir eine paar Tipps zusammengestellt, welche Utensilien Sie auf keinen Fall zu Hause lassen sollten, wie Sie ihre Rasselbande unterwegs zusammenhalten und auch für weitere Fußmärsche begeistern können.

Damit Ihre Ausflüge einen bleibenden Eindruck hinterlassen, stellen wir Ihnen einen ganz besonderen Reise-Pass vor, der die Kinder über die gesamte Grundschulzeit begleiten kann.

 **Der besondere Geburtstagskalender**

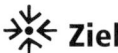 Ziel

Die Kinder können nicht nur ablesen, wann der eigene bzw. der Geburtstag der Mitschüler ist, sondern auch das genaue Alter (in Jahren und Monaten). Außerdem können sie abzählen, wie viele Tage es noch bis dahin sind.

✂ Material/Vorbereitung

Lassen Sie sich im Baumarkt zwölf Holzbrettchen zurechtsägen. Sie sollten ca. zehn cm breit sein; die Länge entspricht der Anzahl der Tage pro Monat, d.h. Sie brauchen sieben Brettchen mit der Länge 31 cm, vier Brettchen mit der Länge 30 cm und eines, das 29 cm lang ist. Jedes Brettchen wird mit Abtön- oder Wasserfarbe andersfarbig grundiert. Welche Farben Sie am besten verwenden, können Sie bei den „Monatskisten" *(>> Idee 14)* nachlesen.

Mit einem breiten Filzstift schreiben Sie an den oberen Rand jeweils den Monatsnamen. Schlagen Sie nun am unteren Rand entlang im Abstand von 1 cm für jeden Tag einen Nagel ein (insgesamt also 366).
Befestigen Sie die Brettchen in einer langen Reihe in Augenhöhe an der Wand.

Bereiten Sie für jedes Kind eine feste Schnur vor (z.B. Angelschnur, ca. 50 cm lang), knoten Sie an das eine Ende eine kleine Perle (damit die später aufgefädelten großen Perlen nicht abrutschen). Darüber fädeln Sie ein Kärtchen mit dem Namen des jeweiligen Kindes auf und das andere Ende der Schnur binden Sie zu einer Schlaufe zum Aufhängen.

Außerdem brauchen Sie noch für jedes Kind ein Passfoto, einen farbigen Klebepunkt und mindestens sieben rote Perlen (ca. 12 mm Durchmesser oder mehr) sowie elf blaue Perlen (ca. 10 mm Durchmesser). Die Perlen bewahren Sie am besten getrennt in zwei Dosen auf.

⚙ So geht's

Besprechen Sie mit den Kindern die Struktur der Nagelbrettchen: Jedes Brettchen steht für einen Monat, jeder Nagel für einen Tag. Jedes Kind soll nun den Nagel für seinen Geburtstag suchen und darüber einen farbigen

Klebepunkt befestigen. Danach erhält es eine Schnur und fädelt Perlen für sein Alter auf: Für jedes Jahr eine dicke rote Perle und für jeden Monat, der seit dem letzten Geburtstag vergangen ist, eine kleinere blaue Monatsperle. Anschließend werden die Perlenschnüre an die Nägel gehängt.

Nun bekommt jedes Kind jeden Monat eine neue Monatsperle als Zeichen dafür, dass es einen Monat älter geworden ist.

An seinem nächsten Geburtstag kann es die mittlerweile 12 blauen Monatsperlen gegen eine neue rote Jahresperle eintauschen.

Tipps

Eigentlich müsste jedes Kind – seinem Geburtsdatum entsprechend – an einem anderen Tag im Monat seine neue Monatperle bekommen.
Sie können dann die Perlen z.B. im Morgenkreis austeilen.

Wenn Ihnen das zu aufwändig ist, machen Sie das einfach wochenweise oder sogar nur einmal im Monat. Das ist zwar etwas ungenau, reicht aber aus, um den Kindern den Ablauf der Zeit zu verdeutlichen.

An diesem Geburtstagskalender können auch noch andere Ereignisse abgelesen und markiert werden, die für Ihre Klasse wichtig sind. Befestigen Sie dazu z.B. Papierpfeile über dem jeweiligen Nagel und beschriften Sie diese mit Ereignissen wie „Heilig Abend", „Letzter Schultag", usw.

Das hört sich vielleicht alles sehr kompliziert an. Wir versichern Ihnen jedoch: Der Aufwand lohnt sich! Die Idee dieses Kalenders stammt übrigens aus der Montessori-Pädagogik.

44 Geburtstagsbuch

 Ziel

Jedes Kind legt ein Buch an, indem es zu jedem seiner Geburtstage bzw. Lebensjahre eine Seite gestaltet.

 Material/Vorbereitung

Jedes Kind benötigt ein kleines Fotoalbum, eine Kladde o.Ä.
Am besten bereiten Sie für sich selbst ein Buch bzw. eine Seite als

Anschauungsmaterial vor. Diese Seite kann ein Foto oder eine Zeichnung enthalten sowie einen Text, entweder über den jeweiligen Geburtstag oder ein oder zwei Erlebnisse aus dem betreffenden Lebensjahr. Für die Kinder sicherlich besonders interessant wäre eine Seite aus Ihrer Kindheit.

☼ So geht's

Nehmen Sie doch Ihren eigenen Geburtstag zum Anlass, den Kindern das Geburtstagsbuch vorzustellen.

Jedes Kind erhält nun die – längerfristige – Hausaufgabe, für sich ein solches Buch von der Geburt an bis zum aktuellen Lebensjahr herzustellen.

Die Kinder bringen an ihrem nächsten Geburtstag das Buch mit, lesen ihren Mitschülern daraus vor bzw. zeigen die Bilder und erzählen dazu. Die Kinder sind in der Regel besonders fasziniert von alten Fotos und Erlebnissen aus der frühen Kindheit.

Das Buch wächst nun von Jahr zu Jahr um eine (Doppel-)Seite.

☉ Tipps

Das Erstellen des Geburtstagsbuchs ist eine recht anspruchvolle Aufgabe, die – zumindest im ersten Schuljahr – die Mithilfe der Eltern erfordert. Stellen Sie Ihr eigenes Buch am Elternabend vor und erläutern Sie ausführlich, wie die Kinder ihr Buch führen sollen.

Natürlich können Sie das Geburtstagsbuch in der Schule erstellen bzw. fortführen lassen. Dann müssten die Kinder zunächst zu Hause mit ihren Eltern das entsprechende Fotomaterial zusammenstellen und die Ereignisse besprechen. Anschließend können die Bilder im Deutschunterricht beschriftet werden.

Wenn ein Kind Geburtstag hat, könnte es z.B. auch in einer Freiarbeits- oder Wochenplanstunde die aktuelle Seite gestalten.

45 Geschenke, Geschenke, Geschenke

 **Ziel**

Jedes Kind erhält zu seinem Geburtstag ein kleines Geschenk.

45 a. Geburtstagskiste

Material/Vorbereitung

Bereiten Sie eine schöne Kiste oder einen Geschenkkarton vor, den Sie mit einigen Kleinigkeiten wie z.B. schönen Stiften, Spielzeugautos, Stickern füllen.

So geht's

Wenn ein Kind Geburtstag hat, darf es sich ein Geschenk aus der Kiste aussuchen.

Tipps

Sie können Kleinigkeiten (z.B. 55-Cent-Artikel aus Schnäppchenläden) aus dem Bestand der Klassenkasse finanzieren oder aber auf Dinge zurückgreifen, die es kostenlos gibt (Poster aus der Apotheke, Werbegeschenke). Sie können ebenso die Kinder bitten, von zu Hause eine Kleinigkeit mitzubringen, die sie verschenken möchten.

Legen Sie am besten nur fünf bis sieben Geschenke gleichzeitig in die Kiste, damit die Kinder nicht zu lange für die Auswahl benötigen.

45 b. Klassengeschenk

Material/Vorbereitung

Besorgen Sie für jedes Kind das gleiche Geschenk, z.B. ein Lineal aus Holz, ein Klassenfoto, eine Geburtstagskarte, ein Pixi-Buch.

So geht's

Am Tag des Geburtstags oder am Vortag unterschreiben Sie selbst und alle Mitschüler auf dem Geschenk. So haben alle eine bleibende Erinnerung, gleichzeitig fühlt sich niemand benachteiligt, weil alle das Gleiche bekommen.

45 c. Geburtstagskarten

✂ Material/Vorbereitung

Sie benötigen gekaufte oder selbst gebastelte Geburtstagskarten. Teilen Sie die Innenseite – der Anzahl der Kinder entsprechend – in einzelne Felder ein.

⚙ So geht's

Am besten beginnen Sie schon einige Tage vor dem Geburtstag mit der Vorbereitung der Karte. Es soll nämlich jedes Kind ein Feld gestalten, indem es gute Wünsche aufschreibt, etwas Hübsches hineinzeichnet oder ein Bild einklebt.

45 d. Gutscheine

✂ Material/Vorbereitung

Versehen Sie Karteikarten o.Ä. mit verschiedenen Gutschriften, z.B. „Heute keine Hausaufgaben" oder „Du darfst ein Spiel im Sportunterricht aussuchen."

⚙ So geht's

An seinem Geburtstag bekommt jedes Kind einen Gutschein, den es an diesem oder einem anderen Tag einlösen darf.

45 e. Geburtstags-Heinzelmännchen

✂ Material/Vorbereitung

Bereiten Sie eine Schachtel mit Losen vor, die Sie mit den Namen der Kinder beschriften.

So geht's

Am Geburtstag (oder Vortag) zieht das Geburtstagskind ein Los. Das Kind, dessen Name gezogen wurde, ist nun sein Geburtstagsheinzelmännchen, d.h. es soll etwas tun, worüber sich das Kind freut.

Tipps

Besprechen Sie schon im Vorfeld, was ein Geburtstagsheinzelmännchen tun könnte: Ein kleine Überraschung mitbringen, gemeinsam ein Spiel in der Pause spielen …

45f. **Mein Geschenk an die Klasse**

So geht's

Statt der üblichen Kuchen und Berge von Süßigkeiten bringt das Geburtstagskind der Klasse ein Geschenk mit, z.B. ein Buch für die Klassenbibliothek, eine Blume für die Fensterbank, ein Brettspiel für die Regenpause usw.

Tipps

Informieren Sie die Eltern rechtzeitig über Ihr Vorhaben. Klären Sie, in welchem finanziellen Rahmen sich das Geschenk bewegen soll. Sie können selbstverständlich auch vereinbaren, dass etwas gut erhaltenes Gebrauchtes geschenkt werden darf.

46 Kennenlern-Frühstück mit Eltern

 **Kopiervorlage 46**

 Ziel

Die Eltern lernen sich untereinander sowie die neuen Klassenkameraden ihrer Kinder kennen. Vielleicht dient das auch als Anregung, sich privat einmal zu treffen bzw. ein Kind zu sich nach Hause zum Spielen einzuladen.

 Material/Vorbereitung

Am besten lassen Sie alle Kinder bzw. Eltern etwas für das Kennenlern-Frühstück mitbringen. Überlegen Sie mit den Kindern, was zu einem (gesunden) Frühstück dazugehört.

So geht's

Zeitlich sollten Sie entweder die ersten beiden Unterrichtstunden oder aber die zweite Stunde plus Frühstückspause einplanen.

Bei der ersten Variante haben Sie bzw. die Eltern mehr Zeit, sich gegenseitig kennenzulernen. Jedoch werden die Kinder nicht über den gesamten Zeitraum an der Frühstückstafel sitzen können. Daher sollten Sie ein Kinderprogramm in petto haben (z.B. Spiele auf dem Schulhof: Das sollten Sie jedoch vorher wegen der eventuellen Lärmbelästigung außerhalb der Pausenzeiten mit der Schulleitung bzw. dem Kollegium absprechen).

Schön wäre es, wenn alle (z.B. in Kleingruppen) an den anfallenden Arbeiten beteiligt werden:

Gruppe 1 rückt Tische und Stühle zurecht, Gruppe 2 kümmert sich um die Tischdekoration und faltet Servietten, Gruppe 3 halbiert Brötchen und schneidet Obst und Gemüse in mundgerechte Stücke, Gruppe 4 legt Wurst und Käse auf die Teller, Gruppe 6 kocht Kaffee und Tee, Gruppe 7 räumt nach dem Frühstück die Tische ab und rückt sie wieder an ihre ursprünglichen Plätze, Gruppe 8 erledigt den Abwasch und verstaut die Lebensmittelreste.

Bewährt haben sich Gruppentische, an denen Kinder und Eltern gemischt sitzen. Sie als Lehrerin sollten sich mal hier, mal dort dazugesellen.

Tipps

Damit Sie den Überblick behalten, sollten Sie sich notieren, welches Kind welche Zutaten mitbringt. Dazu können Sie die Kopiervorlage (46) nutzen. Wie wäre es, wenn Sie die Einladungen gemeinsam mit den Kindern gestalten (z.B. im Deutsch- und Kunstunterricht)?

Wenn viele Eltern berufstätig sind, kann eine Gelegenheit zum Kennenlernen am Nachmittag, z.B. in Form eines Grillfestes, angebrachter sein.

 **47**  **Vier-Jahreszeiten-Feste**

 Ziel

Die neue Jahreszeit wird mit einem Fest begrüßt bzw. die alte wird verabschiedet. Die Kinder erleben so aktiv den Ablauf der Zeit.

✂ Material/Vorbereitung

Das hängt selbstverständlich ganz davon, welche Programmpunkte Sie einplanen.

🦑 So geht's

Reservieren Sie pro Jahreszeit einen Schulvormittag oder wenigstens eine Doppelstunde. Schön sind die Jahreszeitenfeste auch kurz vor den jeweiligen Schulferien.

Hier einige Ideen für ein Programm, das ohne viel Vorbereitung auskommt: Sie können eine Geschichte vorlesen, Lieder singen, etwas basteln, gemeinsam kochen – jeweils passend zur Jahreszeit. Oder gehen Sie doch gemeinsam hinaus in die Natur und beobachten, was typisch ist für die Jahreszeit. Wenn Sie einen etwas größeren Aufwand nicht scheuen, können Sie auch gezielt mit den Kindern auf das Fest hinarbeiten und in den Wochen vorher mit allen etwas einstudieren oder einzelne Kinder einen Programmpunkt vorbereiten lassen (z.B. ein Gedicht auswendig lernen und dann vortragen). Wenn Sie Eltern mit einbeziehen, können Sie das Fest auch als Projekttag planen, an dem verschiedene Aktivitäten gleichzeitig in Kleingruppen stattfinden.

⟲ Tipps

Eine Variante wären Monatsfeiern: Jeder einzelne Monat wird begrüßt oder verabschiedet. An dieser Stelle bietet es sich auch an, die Monatkisten zu füllen (>> *siehe Idee 14*).

 **Zeugnisfest**

 Ziel

Die Übergabe der Zeugnisse wird als ein besonderes und vor allen Dingen freudiges Ereignis gefeiert.

✂ Material/Vorbereitung

Jedes Kind bringt seine Zeugnismappe mit.
Überlegen Sie sich für jedes Kind ein persönliches Lob (siehe unten).
Nutzen Sie gegebenenfalls die Frühstücksvorbereitungen von >> *Idee 46.*

✷ So geht's

Es gibt sicher viele Möglichkeiten, die Zeugnisausgabe zu feiern.
So zum Beispiel könnte es ablaufen:

Die Kinder – und selbstverständlich Sie selbst auch – ziehen sich zur Feier des Tages besonders schick an.

Im Morgenkreis halten Sie eine kleine Rede und rufen einige besondere Momente in Erinnerung (z.B. wie Max plötzlich nach einem Wochenende im Herbst behauptet, lesen zu können, und einen Tafelanschrieb ohne Probleme entziffern kann).

Gemeinsam singen Sie ein inhaltlich passendes Lied oder lesen eine entsprechende Geschichte vor, z.B. das Lied „Alle Kinder lernen lesen" (Klassenhits, Kontakte Musikverlag) oder die Geschichte „Jeder kann etwas" von Josef Guggenmos (Bausteine, Lesebuch 3, Seite 85. Diesterweg).

Dann geht es weiter mit einem gemeinsamen Frühstück, zu dem die Tische besonders nett gedeckt sind, z. B. mit gefalteten Servietten und Windlichtern. Bei dieser Gelegenheit dürfen Sie als Lehrerin ruhig einmal „eine Runde schmeißen". Wie wäre es mit Kinderbowle? Wenn die Reste des Frühstücks beseitigt sind, geht es ans Austeilen der Zeugnisse.

Dazu sollen alle Kinder ihre Zeugnismappe hervorholen. Verlesen Sie nach und nach die Namen der Kinder. Das aufgerufene Kind kommt zu Ihnen nach vorne und erhält sein Zeugnis. Sagen Sie jedem Kind eine Sache, die Sie besonders an ihm schätzen oder bei der es einen besonderen persönlichen Erfolg erzielt hat. Ein Händeschütteln macht das Ganze noch feierlicher und offizieller. Die anderen Kinder können nun jedem Mitschüler applaudieren.

 Tipps

Gestalten Sie im Kunstunterricht gemeinsam mit den Kindern die Zeugnismappen.

49 Ich packe meinen Rucksack

Kopiervorlage 49

 Ziel

Die Kinder erhalten eine Packliste für einen Ausflug, sodass alle gut ausgerüstet sind.

 Material/Vorbereitung

Vervollständigen Sie die Packliste (Vorlage 49) oder erstellen Sie selbst eine und kopieren Sie diese für jedes Kind.

So geht's

Besprechen Sie mindestens eine Woche vorher mit den Kindern, wann der Ausflug stattfindet, wohin es geht und welches Programm sie erwartet. Sammeln Sie mit den Kindern gemeinsam die Dinge, die für diesen Ausflug benötigt werden.
Tragen Sie diese Dinge auf der Packliste ein und bringen Sie am nächsten Tag für jedes Kind eine Kopie mit.

Tipps

Sie können auch aus Jux eine völlig unsinnig gepackte Tasche mitbringen oder ein Kind ganz unpraktisch einkleiden. Auf diese Weise lässt sich ganz anschaulich erarbeiten, was denn nun wirklich sinnvoll für den Ausflug ist.

Hier einige Denkanstöße im Telegrammstil: Rucksack, Regenjacke, Kappe/ Sonnenhut, feste Schuhe, Becherlupe, Tüte für Fundstücke, Verpflegung, Taschenmesser, Sonnencreme, Taschentücher usw.

Klären Sie unbedingt auch, welche Dinge zu Hause bleiben sollen, wie z.B. Handy oder MP3-Player.

50 Wir gehören zusammen

 **Ziel**

Alle Kinder, die an einem Ausflug teilnehmen, werden optisch so gekennzeichnet, dass sie deutlich als zur Gruppe gehörend erkannt werden. Das erleichtert sowohl Ihnen als auch den Kindern den Überblick, besonders beim Überqueren von Straßen und beim Einsteigen in öffentliche Verkehrsmittel.

 **Material/Vorbereitung**

Je nachdem, wie Sie Ihre „Schäfchen" kennzeichnen wollen, benötigen Sie einige Requisiten, teilweise auch im Klassensatz (siehe unten).

So geht's

Bevor Sie die Schule verlassen, sollten Sie die entsprechenden Requisiten an die Kinder verteilen.

Es gibt die Möglichkeit, jedem einzelnen Kind ein Kennzeichen mitzugeben: eine Schirmmütze, ein zum Ausflug passendes Requisit, wie z.B. ein Indianerstirnband, Mannschaftsbänder aus der Sporthalle usw. Diese Art der Kennzeichnung bietet sich besonders an, wenn Sie sich dort aufhalten, wo sehr viele andere Menschen sind und leicht auch einmal einzelne Kinder abgedrängt werden könnten. Diese können dann schnell die Gruppe wieder finden bzw. Ihnen selbst fällt es frühzeitig auf, wenn jemand sich von der Gruppe entfernt.

Wenn Sie beispielsweise in einem eher lockereren Verband eine Wanderung durch Wald und Feld machen, reicht oft schon die Kennzeichnung des ersten und letzten Kindes durch ein Fähnchen o.Ä. aus. So erkennen die Kinder gut, wie weit sie sich vorwagen bzw. zurückfallen lassen dürfen, ohne die Gruppe zu verlieren.

 **Tipps**

Es lohnt sich, bei größeren Unternehmen nach Schirmmützen zu fragen. Die enthalten zwar in der Regel Werbung, sind aber kostenlos. Allerdings wäre so eine Schirmmütze auch ein schönes Begrüßungsgeschenk der Schule an die Kinder.

51 Wie weit ist es noch?

 **Ziel**

Durch kleine Aufträge wird ein längerer Fußmarsch für die Kinder kurzweilig und abwechslungsreich gestaltet.

 **Material/Vorbereitung**

 So geht's

Unterteilen Sie eine längere Wegstrecke, indem Sie den Kindern kleine Aufträge erteilen.

Hier einige Beispiele:

≈ Geht bis zur nächsten Kurve rückwärts!
≈ Hüpft auf einem Bein!
≈ Geht zu zweit: einer schließt die Augen, der andere führt ihn!
≈ Wer findet eine Feder/einen schönen Stein/...
≈ Wie weit kommst du mit 20 Schritten?

☉ Tipps

Lassen Sie auch einmal die Kinder solche Aufgaben stellen!

52 Mein Reise-Pass

Kopiervorlage 52

☀ Ziel

Die Kinder erstellen über den gesamten Verlauf des Schuljahres ein kleines Album, das für jeden gemeinsamen Ausflug einen Beitrag enthält.

✂ Material/Vorbereitung

Für jedes Kind benötigen Sie ein Heft oder eine Kladde mit Blankoseiten. Kopieren Sie für jedes Kind die Vorlage 52, oder lassen Sie die Schüler selbst ein Deckblatt gestalten, das sie anschließend vorne auf das Heft kleben.

⚙ So geht's

Am besten führen Sie den Reise-Pass nach Ihrem ersten gemeinsamen Ausflug ein. Besonders motivierend für die Kinder sind Fotos, die Sie während der Exkursion geknipst haben und von denen sich jedes Kind eines für seinen eigenen Pass aussuchen darf. Am besten lassen Sie die Kinder zu jedem Ausflug eine Doppelseite gestalten: Auf der einen Seite wird ein Foto (ggf. auch eine Eintritts- oder Fahrkarte) eingeklebt oder eine Zeichnung angefertigt, auf der anderen Seite werden wichtige Informationen notiert (z.B. Datum und Ziel des Ausflugs) sowie ein persönlicher Text der Kinder.

☉ Tipps

Den Reise-Pass können Sie natürlich auch über die gesamte Grundschulzeit weiterführen.
Wie wäre es, wenn Sie regelmäßig einen „Spaziergang des Monats" durchführen. Die Kinder können dann in ihrem Reise-Pass auch notieren, wie die Natur sich im Lauf des Jahres verändert.

7

„Probier's mal mit Gemütlichkeit"

Organisationshilfen für eine
harmonische Arbeitsatmosphäre

Haben Sie auch solche Probleme wie wir: Sie machen eine genaue Ansage, erklären eine Aufgabe, wiederholen diese und lassen sie ebenfalls von drei Schülern mündlich wiedergeben und trotzdem gibt es mindestens einen Schüler, der die Arbeit anders erledigt, oder nicht weiß, worum es geht? Oder Sie sitzen mit Ihren Kindern im Morgenkreis und es ist eine Stunde, die Sie sich für Ihre Kinder „aus den Rippen geschnitten haben", damit sie Raum und Zeit haben, sich mitzuteilen und Anteil aneinander zu nehmen, aber Ihre Schüler hören sich gegenseitig nicht zu?

Oder kennen Sie auch Situationen, in denen es einem selbst einfach manchmal an einer Idee für eine gute Struktur fehlt, um „das Rad am Laufen zu halten"?

Wir haben uns vorgenommen, den erstgenannten Problemen durch ein verstärktes Konzentrations- und Zuhörtraining entgegenzuwirken. Ideen dazu erhalten Sie auf den folgenden Seiten. Des Weiteren möchten wir Ihnen unsere Tricks mitteilen, mit denen wir versuchen, manchen „Kindermacken" entgegenzuwirken und ganz unauffällig die Übersicht zu behalten.

53 **Hör gut zu! Sieh genau hin!**

 **Ziel**

Wir halten es für sehr wichtig, bereits in der ersten Klasse großes Augenmerk auf die Konzentrationsfähigkeit und die kommunikativen Kompetenzen zu legen. Die Früchte der Arbeit, die Sie jetzt leisten, ernten Sie in den folgenden Schuljahren. Wir stellen immer wieder fest, dass es an den verschiedensten Schulen und in den unterschiedlichsten Klassen immer wieder das gleiche Problem gibt: Sehr viele Kinder hören nicht richtig zu! Leider sind die Folgen davon weitreichend. Nicht nur Ihre Nerven liegen nach kurzer Zeit blank, sondern wir haben als Lehrerinnen doch auch den inneren Anspruch, das Kind entsprechend seiner Kompetenzen zu größtmöglichem Lernerfolg zu verhelfen. Nur wie, wenn die Aufmerksamkeit unserer Schüler nicht einmal soweit reicht, uns bis zum Ende unseres gesprochenen Satzes zu folgen?

Für uns gilt: Steter Tropfen höhlt den Stein. Beginnen Sie rechtzeitig mit kleinen Spielen und Übungen zur Konzentration, zum Zuhören und Zusehen.

53 a. Der unsichtbare Dirigent

✂ **Material/Vorbereitung**

———

❂ **So geht's**

Bei diesem Spiel geht ein Kind (der „Beobachter") aus der Klasse und wartet, bis es hereingerufen wird. Die anderen Kinder bestimmen unter sich einen „Dirigenten". Der Beobachter wird hereingerufen und der Dirigent macht möglichst unauffällig mehrere Bewegungen vor, die alle anderen Kinder nachspielen. Die Aufgabe des Beobachters ist es, sich alle Kinder ganz genau anzusehen und den Dirigenten zu erkennen, also den, der immer als Erster die Bewegung vorgibt.

53 b.  Simon sagt …

Material/Vorbereitung

—

So geht's

Bitten Sie alle Kinder, aufzustehen und sich hinter den Stuhl zu stellen. In diesem Spiel geht es darum, dass Sie den Kindern Handlungsanweisungen geben, die die Kinder befolgen sollen, aber nur unter einer Bedingung: Wenn Ihre Aufforderungen mit „Simon sagt" beginnen! Sagen Sie nur: „Dreh dich", dürfen die Kinder nicht reagieren. Sagen Sie: „Simon sagt: Dreh dich!", sollen sie entsprechend handeln.

Tipps

Wenn Sie in Ihrer Klasse Frühenglisch unterrichten, spielen Sie doch einmal die englische Variante mit „Simon says", anstelle von „Simon sagt". Falls Sie ein Klassenmaskottchen haben *(>> siehe Idee 36)* oder eine andere Figur oder Handpuppe, kann auch diese die Anweisungen geben. Sie flüstert sie Ihnen ins Ohr und Sie sagen sie laut an die Kinder weiter.

53 c. Eingefroren

Material/Vorbereitung

Vereinbaren Sie mit den Kindern ein akustisches Signal.

So geht's

Bitten Sie die Kinder, sich frei durch den Raum zu bewegen. Sobald das vereinbarte akustische Signal ertönt, müssen die Kinder augenblicklich in ihrer Bewegung „einfrieren" und zu Ihnen sehen, denn Sie sagen eine kleine Aufgabe an, z. B.: „Dreh dich ein Mal um dich selbst!" Anschließend bewegen sich die Kinder weiter im Raum und das Spiel beginnt von vorn.

☺ Tipps

Sie können, um zwischen dem Training des Sehens und Hörens zu wechseln, die auszuführende Bewegung vorführen oder ansagen. Es hat sich als vorteilhaft erwiesen, wenn Sie immer an derselben Stelle im Raum stehen, denn dann wissen die Kinder gleich, wohin sie schauen sollen.

Das vereinbarte Signal und der feste Ort werden Ihnen von nun an auch im Unterricht sehr nützlich sein: Wenn Sie während einer Arbeitsphase eine wichtige Anweisung für alle machen möchten, betätigen Sie das Signal, die Kinder „frieren ein" in ihrer aktuellen Bewegung und schauen zu der gewohnten Stelle. So werden Sie gut die Aufmerksamkeit der Kinder auf sich ziehen können!

54 Es geht auch ohne Worte

 **Ziel**

Viel zu reden und viel zuzuhören ist anstrengend. Setzen Sie an möglichst vielen Stellen nonverbale Zeichen im Unterricht ein, um sich selbst lange und wiederholte Erklärungen zu ersparen und den Kindern deutliche und direkt verständliche Signal zu setzen.

54 a. Achtung, pssst!

 Material/Vorbereitung

———

❀ So geht's

Um nach einer Arbeitsphase die Aufmerksamkeit der Kinder wieder zu erlangen, hat sich bei uns eine recht einfache Methode durchgesetzt. Strecken Sie als Symbol „Ich möchte euch etwas mitteilen" einen Arm senkrecht nach oben, den Zeigefinger der anderen Hand legen Sie auf Ihren Mund. Jedes Kind, das dieses Zeichen sieht, macht Ihnen diese Haltung nach. Dadurch, dass die Kinder sich gegenseitig recht schnell wahrnehmen, weil sie nebeneinander sitzen, kopieren bald immer mehr Kinder voneinander dieses Zeichen und es kehrt wie bei einem Lauffeuer recht schnell Ruhe ein – ganz ohne lautes Ermahnen.

🌀 Tipps

Wenn Sie den Eindruck haben, dass es immer einmal wieder Kinder gibt, die das Zeichen bewusst ignorieren und warten, bis Sie sie persönlich ansprechen oder eben doch ermahnen, beziehen Sie diese einfach mit ein. Wenn Sie also das nächste Mal etwas ankündigen möchten, gehen Sie zu dem betreffenden Kind und bitten es, Ihnen zu helfen und für Sie das Handzeichen vorzumachen.

54 b. Lehrer-Ampel

✂ Material/Vorbereitung

Malen Sie eine leere Rolle Toilettenpapier an: die untere Hälfte rot, die obere grün.

⚙ So geht's

Wenn die Kinder arbeiten und Sie ebenfalls, z. B. mit wichtigen Notizen, beschäftigt sind oder einem Schüler gerade etwas erklären, dann stellen Sie die „Ampel" mit der roten Seite nach oben. Dies soll Ihren Kindern symbolisieren, dass Sie gerade nicht für Fragen zur Verfügung stehen. Wenn Sie wieder ansprechbar sind, stellen Sie die „Ampel" auf grün.

🌀 Tipps

Klären Sie mit den Kindern Notfälle, in denen Sie trotz der roten Ampel angesprochen werden dürfen.

54 c. Meldesystem für die Stillarbeit

✂ Material/Vorbereitung

≋ Für das System „Wäscheklammern": Wäscheklammern, feine Filzstifte;
≋ für das System „Magnetkärtchen": kleine Zettel mit den Namen Ihrer
Schüler, Folien zum Laminieren, Magnetklebeband;
≋ für das System „Schüler-Ampel": für jeden Schüler eine leere Rolle
Toiletten- Papier, grüne und rote (Wasser-)Farbe.

⚙ So geht's

Jedes Meldesystem für die Stillarbeitsphasen in Ihrer Klasse dient dazu, dass die Kinder leise anzeigen können, dass sie Hilfe benötigen, die Wartezeit jedoch zum Weiterarbeiten nutzen können. Ein Kind, das vor Ihrem Lehrertisch wartet, bis Sie drei anderen Kindern vorher die Aufgaben erklärt haben, oder das Kind, das sich solange am Platz meldet, verliert wertvolle Arbeitszeit.

Das Material für alle drei Meldesysteme können Sie gut mit Ihren Kindern gemeinsam herstellen. Lassen Sie die Kinder selbst ihren Namen auf die Wäscheklammer schreiben oder ihn schön auf dem Zettel gestalten. Im Kunstunterricht können Sie gemeinsam die Ampel basteln.

Mit den Wäscheklammern handhaben wir es wie folgt: Bitten Sie die Kinder, bei Fragen mit ihrer Wäscheklammer zu Ihnen zu kommen und diese leise an Ihren Pulli zu heften. Sobald Sie Zeit haben, können Sie eine Klammer nach der anderen „abarbeiten".

Wenn Sie sich für das Meldesystem mit den Magnetkärtchen entscheiden, können Sie jedem Kind sein Namenschild aushändigen. An der Tafel kennzeichnen Sie einen Bereich, in den die Kinder ihr Namensschild heften, wenn sie Fragen haben. Bitten Sie die Kinder, die Reihenfolge zu beachten. Sie haben dann die Möglichkeit, die Schilder nacheinander von der Tafel zu holen und die Fragen der Kinder in Ruhe zu beantworten.
Erklären Sie für die Arbeit mit der Schüler-Ampel, dass alle Kinder die Ampel während der Stillarbeit mit der grünen Seite nach oben bei sich auf dem Platz zu stehen haben. Hat ein Kind eine Frage, dreht es seine Ampel um, sodass die rote Seite zu sehen ist. Sie können so auf einen Blick erkennen, welcher Schüler Hilfe braucht.

Tipp

Wir halten es für sinnvoll, die Wäscheklammern an einem bestimmten Ort in der Klasse gemeinsam zu sammeln. Ein langes Stück Geschenkband, das Sie an einen Nagel hängen, ist eine ebenso hübsche wie preiswerte und praktische Möglichkeit.

54 d. Toiletten-Ampel

✂ Material/Vorbereitung

siehe „Lehrer-Ampel"

🎇 So geht's

Basteln Sie doch für Ihre Kinder eine Toiletten-Ampel. Um auf der Toilette während des Unterrichts Streitereien und Ähnliches zu vermeiden, sollten Kinder nur einzeln auf die Toilette gehen. Sie können für die Ruhe in Ihrer Klasse und zu Ihrer Entlastung das Ampel-System einführen. Das Kind, das auf die Toilette muss, geht nach vorne und dreht die Toiletten-Ampel auf „rot". Dann ist die Toilette sozusagen „besetzt". Wenn das Kind zurückkommt, wendet es die Ampel wieder auf „grün".

Tipps

Sicher bedarf es einiger Übung für die Kinder, um sich an das Benutzen dieser Hilfsmittel zu gewöhnen, aber wenn Sie das geschafft haben, laufen solche Kleinigkeiten, die sonst zu recht großer Unruhe geführt haben, reibungslos und von allein.

55 Rollenspiele II

❋ Ziel

In kurzen, kleinen „Rollenspielen" können Sie Ihren Kindern vermitteln, wie alltägliche Handlungen sinnvoll ablaufen, und schaffen so tragende Grundlagen für die kommenden Schuljahre.

Material/Vorbereitung

___

So geht's

Stühle mit den Beinen nach vorne getragen und dem Mitschüler in den Rücken gestochen, Bücher, die keiner mehr findet, weil sie falsch herum und mit dem Buchrücken nach hinten in das Regal gestellt wurden, sind unschöne und überflüssige tägliche Situationen. Machen Sie kleine Rollenspiele mit den Kindern, wie diese Dinge sinnvoll bewältigt werden. Dies ist um einiges motivierender, als wenn Sie die Abläufe nur erklären oder selbst vorführen.

Tipps

Viele Dinge, die für uns Erwachsene zu alltäglichen Automatismen geworden sind, sind für die neuen Schulkinder ungewohnt oder noch unklar:

≈ Wie trage ich eine Schere, ohne mich und andere zu gefährden?
≈ Wie gebe ich jemandem eine Schere, ohne ihn zu schneiden?
≈ Wie stelle ich ein Buch richtig ins Regal zurück, sodass die Seiten nicht verknicken und das nächste Kind es wiederfinden kann?
≈ Wie sitze ich im Sitzkreis?
≈ Wie trage ich einen Stuhl, ohne jemanden zu verletzen?
≈ Wie zeige ich im Unterricht oder im Gesprächskreis, dass ich etwas sagen möchte?
≈ Wie packe ich Bücher und Hefte in meine Schultasche?

56 Es geht auch leise

Ziel

Wie oft bitten wir die Kinder, leise zu sein. Aber wie geht das eigentlich? Und wie leise ist denn „leise"? Flüstern, Stillsitzen und Schleichen kann man sehr gut mithilfe kleiner Spiele veranschaulichen und einüben.

56 a. Stille Post

✂ **Material/Vorbereitung**

 So geht's

Dieses Spiel kennen Sie sicherlich noch aus Ihrer eigenen Jugend. Die Klasse sitzt im Kreis und ein Kind denkt sich einen Satz aus. Diesen flüstert es in das Ohr des Sitznachbarn, der das, was er verstanden hat, wiederum an seinen Sitznachbarn weitergeben muss. Nachfragen ist hierbei nicht erlaubt, denn die Kinder sollen lernen, sich zu konzentrieren und genau hinzuhören. Wenn es in der Gruppe zu laut ist, sollen sie auch untereinander für Ruhe sorgen. Besonders für eine erste Klasse ist dies auch ein Spiel, bei dem die Kinder eine genaue Artikulation üben können. Der letzte Schüler sagt den Satz, den er verstanden hat, laut in die Klasse.

Oft kommen sehr lustige Sachen heraus und es macht besonders Freude, herauszubekommen, wer was verstanden hat und festzustellen, wo und wodurch die Fehlerquelle entstanden ist.

Wenn Sie das Spiel allerdings nutzen wollen, um das Flüstern und das Leisesein zu üben, sollten Sie eine Zusatzregel vereinbaren: Am Ende soll genau der Satz wieder herauskommen, den das erste Kind auf die Reise geschickt hat.

⟲ **Tipps**

Damit die Kinder sich wirklich Mühe geben, können Sie der Klasse für jeden richtigen Satz einen Pluspunkt an der Tafel gutschreiben. Kommt ein Quatschsatz heraus, bekommen Sie als Lehrerin einen Pluspunkt. Wetten, dass Sie die Verliererin sein werden?

56 b. Weckerspiel

✂ **Material/Vorbereitung**

Sie brauchen einen tickenden Wecker.

So geht's

Bitten Sie ein Kind, vor die Tür zu gehen. Verstecken Sie dann einen Wecker im Zimmer und holen das Kind zurück in die Klasse. Es hat nun die Aufgabe, allein durch genaues Hinhören den Wecker zu finden. Wenn es fündig wurde, darf es ein anderes Kind nach draußen schicken und den Wecker erneut verstecken.

Während das eine Kind den Wecker sucht, hat der Rest der Klasse den Auftrag, möglichst leise zu sein, um es so zu unterstützen.

Tipps

Die Arbeit mit dem Ticken eines Weckers ist auch für andere Dinge sehr hilfreich. Kinder wissen in der Regel nicht, was leise sein bedeutet. Sie haben kein Gefühl dafür, wie leise Flüstern oder Schleichen ist. Um dafür ein Empfinden zu entwickeln, können Sie den Wecker auf den Lehrertisch stellen und die Kinder bitten, gemeinsam so leise durch den Raum zu schleichen, dass jeder von Ihnen das Ticken des Weckers noch hören kann. Das leise Schleichen ist für Schleichdiktate sehr nützlich und ein besonders gutes Training für einen leisen Raumwechsel, also das Schleichen durch die Schulflure.

56 c. Schmidtchen Schleicher

Material/Vorbereitung

Ggf. einen alten Hut für Schmidtchen Schleicher.

So geht's

Wählen Sie ein Kind aus, das „Schmidtchen Schleicher" spielen möchte, und bitten Sie alle anderen Kinder, den Kopf auf den Tisch zu legen und die Augen zu schließen. „Schmidtchen Schleicher" – ein Ganove, der nicht ertappt werden möchte – tarnt sich mit einem Schlapphut, geht leise durch die Klasse und bleibt dann an einer Stelle im Raum stehen. Jedes Kind zeigt stumm und mit geschlossenen Augen dorthin, wo es meint, dass „Schmidtchen Schleicher" steht.

Wenn Sie sehen, dass jedes Kind seine Wahl getroffen hat, geben Sie ein leises Zeichen, z. B. ein leises Klingeln, damit die Schüler aufblicken und überprüfen können, ob sie richtig aufgepasst haben.

„Schmidtchen Schleicher" kann sich dann einen Nachfolger suchen und das Spiel beginnt von vorne.

56 d. Flüsterdetektive

 Material/Vorbereitung

⎯

 **So geht's**

Bilden Sie mit der Klasse einen Sitzkreis und bestimmen Sie 2 bis 4 „Flüster-detektive". Diese stellen sich in einiger Entfernung vom Kreis auf. Bespre-chen Sie nun mit den übrigen Kindern etwas im Flüsterton. Ziel ist es, so leise zu sprechen, dass die Flüsterdetektive kein Wort davon verstehen können. Sobald einer von ihnen meint, dass er etwas verstanden hat, sagt er seine Vermutung laut. Liegt er richtig, darf er nun an dem Gespräch im Kreis teilnehmen und ein anderes Kind übernimmt seine Rolle.

☺ Tipps

Sie können daraus auch einen regelrechten Wettbewerb gestalten:
Wie lange gelingt es uns, im Kreis etwas zu besprechen, ohne dass einer der Flüsterdetektive etwas hört? Lässt sich die Zeit auch steigern?

57 Bitte aufstellen!

  **Ziel**

Wir stellen immer wieder fest, wie zeitaufwändig und nervenaufreibend das Aufstellen an der Tür mit vielen Klassen ist. Trainieren Sie deshalb von Anfang an spielerisch das paarweise und geschlossene Aufstellen. Es mag sein, dass das anfangs etwas Zeit kostet, aber die Mühe wird sich auszahlen.

Material/Vorbereitung

—

So geht's

Die einfachste Möglichkeit besteht darin, dass die Kinder sich Tisch für Tisch mit ihrem Sitznachbarn aufstellen. Wenn Sie etwas Abwechslung hineinbringen möchten, bitten Sie doch zum Beispiel einmal zuerst alle Brillenträger an die Tür, an einem anderen Tag zuerst die Jungen, dann die Mädchen, am nächsten Tag geht es der Haarfarben nach usw. Auf diese Weise dürfen nicht immer dieselbe Kinder zuerst gehen, denn die erste Position ist bei fast allen Kindern äußerst beliebt.

Tipp

Um den Kindern dabei auch eine gewisse Ordnung zu vermitteln, hat es sich als hilfreich erwiesen, wenn jedes Kind beim Aufstellen seine Hand auf die Schulter seines Vordermannes legt. So steht die „Kinderschlange" nicht krumm und schief und es bilden sich auch keine „Kinderhaufen". Nach einiger Zeit ist das nicht mehr nötig, dann haben die Kinder ein Gespür für Ordnung und Abstand entwickelt.

58  **Weltrekord**

 ## Ziel

Wenn sich Kinder für Aufgaben, die eigentlich zügig erledigt sein könnten, zu viel Zeit lassen, ist es gut, man hat lustige und spielerische Ideen zum Anspornen. Wir haben mit dieser Idee viele Arbeitszeiten reduzieren können.

Material/Vorbereitung

eine Stoppuhr

 So geht's

Führen Sie bei einigen Arbeiten, die es im Unterricht zu erledigen gilt, den „Weltrekord" ein. Bitten Sie die Kinder beim ersten Mal, wenn Sie diese Idee ausprobieren, sich bei der gestellten Aufgabe (z. B. dem Aufräumen nach dem Kunstunterricht) sehr zu beeilen, denn Sie wollen die Zeit, die die Kinder brauchen, stoppen. Diese Zeit können Sie an der Tafel oder in einem extra angelegten Heft notieren. Beim nächsten Mal erinnern Sie die Kinder an den aufgestellten Rekord und stellen ihnen die Aufgabe, diese vorgelegte Zeit nun zu brechen. Wenn es gelingt, können Sie sie mit einem Spiel belohnen, vielleicht haben die Kinder aber auch alleine an diesem Sieg große Freude und er ist Belohnung genug.

59 Entspannter Sportunterricht

 Ziel

Oft haben Sie nur eine Unterrichtsstunde für den Sportunterricht zur Verfügung. Besonders in der Schulanfangsphase lassen sich die Kinder oft noch ziemlich viel Zeit mit dem Umziehen. Die Verantwortung für das Abbauen von Sportgeräten müssen Sie Ihren Schülern auch erst angewöhnen usw. Sie haben noch kein Empfinden für die knappe Zeit, die nur zur Verfügung steht und dafür, dass die Turnmaterialien nicht von alleine an ihren Platz gekommen sind. Mit den folgenden Ideen können Sie Ihre Schüler dazu bekommen, sich in Windeseile umzuziehen, flink beim Abbauen zu helfen und fair Mannschaften entstehen zu lassen!

59a. <u>Schnelles Umziehen</u>

 Material/Vorbereitung

kleine (Post-)Karten, Wolle/Schnur, Stempel oder Motiv-Locher, große Uhr oder Stoppuhr

🎛 So geht's

Verteilen Sie an jedes Kind einen kleinen Zettel mit seinem Namen und zehn Feldern für einen Stempel oder Platz für das Ausstanzen mit einem Motiv-Locher. Sagen Sie an, dass jedes Kind, das innerhalb von fünf Minuten umgezogen in der Turnhalle erscheint, einen Stempel auf seiner Karte erhält. Nach zehn Stempeln bekommt das Kind eine kleine Belohnung: ein Poster oder es darf der Ansager beim Vier-Ecken-Raten sein o. Ä.

↻ Tipp

Befestigen Sie an den Karten Bändchen aus Wolle, sodass die Stempelkarten umgehängt werden können und bewahren Sie diese bei den Turnsachen in Ihrer Klasse auf. So kann jeder Schüler seine Karte auf dem Weg zur Turnhalle umhängen und es geht nichts verloren.

59 b. Alle helfen mit

✂ Material/Vorbereitung

Sie benötigen Kärtchen mit den verschiedenen Sportgeräten (z.B. aus Katalogen ausgeschnitten) und/oder Skizzen mit Geräteaufbauten.

🎛 So geht's

Brauchen Sie Hilfe beim Aufbau verschiedener Trainingsstationen? Sind Sie es leid, am Ende der Sportstunde vor einem Wust an Bällen, Reifen und Seilen zu stehen? Dann ordnen Sie jeder Station einige Kinder zu und geben Sie ihnen die Karten mit den benötigten Geräten bzw. die Aufbau-Skizzen. Jede Gruppe ist dann für die eigene Station verantwortlich, baut sie auf und am Ende der Sportstunde auch wieder ab.

↻ Tipps

Auf lange Sicht lohnt es sich, den Geräteraum so zu präparieren: Hängen Sie an die einzelnen Regalfächer, Haken usw. Fotos, die die Materialien in ordentlich eingeräumten Zustand zeigen. Dann wissen die Kinder immer, wie sie den Raum am Ende des Sportunterrichts hinterlassen sollen. Die schnelle und spontane Variante: Bitten Sie alle Kinder, sich am Stundenende auf die verschiedenen Sportgeräte zu verteilen. Dann sagen Sie an, dass sie nun von 30 rückwärtszählen. Die Aufgabe ist es, dass bei „null" alle Sachen weggeräumt sind.

59 c. Mannschaften bilden

 **Material/Vorbereitung**

―――

So geht's

Auch wenn sich zu Schulbeginn selten schon „Außenseiter" herauskristallisiert haben, so möchten wir Ihnen doch empfehlen, Mannschaften nach dem Zufallsprinzip zu bilden, und nicht die Kinder sich selbst einteilen zu lassen. Hierbei gibt es viele sehr einfache Möglichkeiten: Stellen Sie sich mit Ihren Kindern in einen Kreis. Je nachdem, wie viele Gruppen Sie brauchen, lassen Sie die Kinder zählen. Bedarf es zweier Gruppen, zählen die Kinder von eins bis zwei, bei drei Gruppen von eins bis drei und so weiter. Benötigen Sie zwei Gruppen, beginnt der Erste und sagt „Eins" und der neben ihm steht, sagt „Zwei". Der dritte Schüler beginnt wieder mit der „Eins" usw. Alle „Einsen" und alle „Zweien" bilden dann eine Gruppe.

Tipp

Bitten Sie die Kinder, vor dem Zählen gut aufzupassen, da sonst anschließend einige Kinder nicht mehr wissen, zu welcher Gruppe sie gehören. Weitere Möglichkeiten zur Gruppenbildung nach dem Zufallsprinzip finden Sie in >> *Idee 39.*
Sie können die Kinder aber auch bei der Zusammenstellung von Mannschaften beteiligen und in die Verantwortung nehmen:
Bitten Sie ein Kind, das Sie für fair halten und das seine Mitschüler gut einschätzen kann, aus der Klasse zwei gleichstarke Mannschaften zu bilden. Dabei soll es darauf achten, dass es immer zwei gleich starke Kinder den beiden Mannschaften zuordnet. Damit zum Schluss nicht die „schlechten"

Sportler auf der Bank sitzen, ist es wichtig, dass der einteilende Schüler beim Bilden der Mannschaften nicht erst die „guten" Sportler, dann die „mittleren" und zum Schluss die „schlechten" aufruft, sondern, dass er in Bezug auf die Spielstärke der Kinder in der Reihenfolge mischt.

60 Kunstunterricht ohne Pannen

 ### Ziel

Wir empfinden den Kunstunterricht als freudvollen und kreativen Teil des Tages, aber auch als einen sehr anstrengenden und unruhigen. Jede Idee, die zu einer Entspannung beiträgt, ist uns willkommen.

 ### Material/Vorbereitung

Eine Gießkanne, einen leeren Eimer, ein Kind als „Multiplikator".

So geht's

Zwei Ideen sehen wir als eine große Erleichterung an. Zum einen ist das Thema „Befüllen der Wasserbecher", selbst wenn Sie ein Waschbecken in der Klasse haben, stets mit Gedrängel, Lärm und Wasserpfützen an den ungünstigsten Stellen verbunden. Gehen Sie doch mit einer Gießkanne von Tisch zu Tisch und befüllen Sie die Wasserbecher. Am Ende der Stunde können Sie das Schmutzwasser in einen leeren Eimer an den Tischen entleeren. Zum anderen haben wir oft festgestellt, dass viele Kinder bei der Erklärung der Aufgabe nicht richtig zuhören und Einzelheiten vergessen (Wo ist die Klebe? Wohin sollen wir malen? Welche Farben? usw.). Um uns zu entlasten, haben wir ein „Kunstamt" eingeführt. Diese Kinder verteilen Zeitungen zum Unterlegen, Wasserbecher usw. und sie sind unser „Multiplikator". Ihnen erklären wir die Aufgabe der Stunde noch einmal ganz genau und sie beantworten dann die vielen einzelnen Fragen ihrer Mitschüler.

61 Auftragskarten: So geht das!

☀ Ziel

Im ersten Schuljahr sind viele Dinge für die Kinder neu und es fällt ihnen
schwer, sich zu merken, wie mit den unterschiedlichen Materialien
gearbeitet werden soll. Mit Auftragskarten in Bild und Wort können
Sie Ihren Kindern Unterstützung geben.

✂ Material/Vorbereitung

Auftragskarten, Laminierfolien

⚙ So geht's

Erstellen Sie zu unterschiedlichen Materialien, wie z.B. dem Schreiblehrgang, eine Auftragskarte. Geben Sie dort vor, wie und in welcher Reihenfolge die Kinder die Aufgabe bearbeiten sollen. Wir haben z. B. für das
Erlernen neuer Buchstaben und die Arbeit im Schreibheft Folgendes
festgelegt:
1. Die Buchstabenkarte zehn Mal mit dem Finger nachfahren.
2. Je zwei Reihen kleine und große Buchstaben schreiben.
3. Sechs Wörter mit dem Buchstaben aufschreiben.

☺ Tipps

Denken Sie daran, für die Kinder, die noch nicht lesen können, neben der
schriftlichen Anweisung erklärende Bilder zu ergänzen. Mehrfach kopiert
und in einem Kasten zu den Arbeitsmaterialien gestellt, können sich die
Kinder, die die Reihenfolge der Aufgabe vergessen haben, die Arbeits-
erläuterungen mit an den Platz nehmen.

„Alle Kinder lernen lesen“

Vielfältige Lernanlässe schaffen

Wie lernen Kinder lesen, schreiben, rechnen, ...? Indem sie es tun!

Wie lernen Kinder leicht und gerne lesen, schreiben, rechnen, ...?
Indem ihnen vielfältige Lernanlässe angeboten werden, die unmittelbar
mit ihrem Leben und ihren persönlichen Interessen zu tun haben,
die ihnen zeigen, dass das Lernen Spaß macht, auch einmal ganz
nebenbei geschehen kann.

Dies ist kein Plädoyer gegen reguläre Deutsch- oder Mathematikstunden,
gezielte Übungen und systematische Lehrgänge. Wir möchten Ihnen
jedoch viele kleine Gelegenheiten zum Lesen, Schreiben, Rechnen
präsentieren, die Sie zusätzlich in den Schultag integrieren können.

Die Vorschläge bestehen teils aus kleinen Angeboten für zwischendurch,
teils aus längerfristigen Aufgaben, die im Lauf des Schuljahres immer wieder
aufgegriffen werden sollen. Außerdem finden Sie Lernmaterialien, die die
Kinder selbstständig bearbeiten können.

Abgerundet wird das Kapitel mit Tipps zum Thema Hausaufgaben,
damit Ihre Schüler auch zu Hause in der Lage sind, die Lernarbeit in
Ihrem Sinne weiterzuführen.

Wir haben versucht, die Aktivitäten so zu gestalten, dass sie auf
verschiedenen Niveaustufen bearbeitet werden können, damit sie
möglichst viele Kinder Ihrer Klasse gleichzeitig ansprechen.

Der Buchstabe der Woche

 Ziel

Jede Woche steht ein neuer Buchstabe im Mittelpunkt. Durch eine Aktivität, die mit demselben Buchstaben beginnt, können die Kinder diesen im wahrsten Sinne des Wortes „begreifen".

✂ Material/Vorbereitung

Versehen Sie ein kleines Schild mit der Aufschrift „Buchstabe der Woche" und schreiben Sie jeden Buchstaben und die gängigen Grapheme einzeln auf eine Karte. Wählen Sie für die Vokale am besten eine andere Farbe als für die Konsonanten. So helfen Sie den Kindern, sich diese einzuprägen.

Wählen Sie für jeden Buchstaben/jedes Graphem eine passende Aktivität aus (siehe Tipps).

⚙ So geht's

Stellen Sie zu Beginn jeder Schulwoche einen Buchstaben/Graphem vor. Das Schild „Buchstabe der Woche" erhält dazu einen festen Platz an der Wand. Die Buchstaben-Kärtchen werden nach und nach dazugehängt.

Wenn die Kinder alle Buchstaben erarbeitet haben, können Sie das mit Ihrer Klasse im Rahmen eines Buchstabenfestes feiern. Dann können rückblickend noch einmal alle Buchstaben und die mit ihnen verbundenen Aktivitäten gewürdigt und rekapituliert werden. Dazu könnte z.B. jedes Kind Pate für einen Buchstaben sein. Es macht seinen Mitschülern pantomimisch die passende Aktivität vor. Ob wohl alle Buchstaben erraten werden?

↺ Tipps

Variieren Sie die Art der Aktivität von Buchstabe zu Buchstabe: kochen oder backen, basteln, singen, ein Spiel spielen, ein Tier genauer kennenlernen usw.

Falls Ihnen die konkreten Ideen fehlen, haben wir für Sie jeweils ein Beispiel zusammengetragen:

- Jedes Kind bringt einen **A**pfel mit, schält ihn und schneidet ihn in Stücke. Damit darf jeder anschließend ein kleines Stück des gemeinsamen **A**pfelkuchens belegen.
- Verschiedene Getreidearten und ihre **Ä**hren werden genauer unter die Lupe genommen.
- Aus Verpackungsmaterial (Schachteln, Kronkorken usw.) konstruieren die Kinder kleine **A**utos. Welches kann wirklich fahren?
- Im Herbst werden **B**lätter von verschiedenen **B**äumen gesammelt und gepresst. Daraus kann z.B. ein **B**lätter-Paarspiel entstehen.
- In der Karnevalszeit werden **C**lownsmasken als Fensterdekoration gebastelt.
- Im Herbst kann man prima **D**rachen basteln und steigen lassen.
- Die Lehrerin liest das Buch von **E**lmar, dem **E**lefanten (siehe Literatur- und Internettipps, S. 239) vor.
- Vor Ostern werden **E**ier ausgeblasen und angemalt.
- Jeden Tag liest die Lehrerin eine Geschichte von Till **Eu**lenspiegel vor.
- Es wird ein Unterrichtsgang zur **F**euerwache durchgeführt.
- In einer Woche stellt die Lehrerin täglich ein neues **G**edicht vor. Jedes Kind soll eines davon auswendig lernen.
- Im Sportunterricht und als Auflockerung zwischendurch werden **H**ampelmann-Sprünge gemacht: Die Kinder stehen zunächst mit geschlossenen Beinen und an den Seiten anliegenden Armen. Dann springen sie in die Beingrätsche und nehmen dabei die Arme über den Kopf usw.
- Aus Ton (alternativ Salzteig) werden **I**gel geformt.
- Während eines Waldspaziergangs sucht die Klasse einen Baumstumpf, an dem man die **J**ahresringe sehen kann. Es wird besprochen, wie sie entstehen.
- Die Kinder stellen **K**nete selbst her und **k**neten anschließend Buchstaben oder Figuren.
- Im Herbst werden (Martins-)**L**aternen gebastelt.
- Im Sachunterricht werden einige einfache Experimente mit **M**agneten durchgeführt.
- In Kleingruppen werden **N**udeln mit Tomatensoße gekocht.
- Jedes Kind bringt ein Stück **O**bst mit, die verschiedenen Sorten werden benannt und anschließend zu einem leckeren **O**bstsalat verarbeitet.

≋ Die Klasse besucht einen **Ö**ko-Laden oder -Basar und erkundigt sich, was man dort kaufen kann und was das Besondere an den Produkten ist.

≋ Maiskörnern werden in einem Topf mit etwas Öl erhitzt (Deckel nicht vergessen). Die Körner „explodieren" und werden zu **P**opcorn.

≋ Im Sommer wird ein Teil des Schulhofbelages von den Kindern mit **Pf**lastermalerei verschönert; dazu eignet sich Straßenkreide.

≋ Die Kinder rühren in Kleingruppen eine **Qu**arkspeise an. Jede Gruppe verfeinert sie auf eine andere Art und Weise: mit Kresse, mit Schokostreuseln, mit frischem Obst …

≋ Das Märchen von **R**apunzel wird erzählt. Anschließend wird **R**apunzelsalat (Feldsalat) zubereitet und verzehrt.

≋ Auf dem Schulhof wird eine **S**onnenuhr gebaut: In der Mitte wird ein Besenstiel fest in den Boden versenkt und rundherum stehen 12 bunt bemalte Tontöpfe mit den Ziffern von 1 bis 12.

≋ Im Advent werden süße **Sch**neemänner „gebaut": ein Boden aus Butterkeks, der Körper aus weißen Pfeffernüssen, ein Hut aus einem Dominostein und ein Besenstiel aus einer Salzstange werden mit Zuckerguss zusammengeklebt.

≋ Mithilfe von Becherlupen werden verschiedene **Sp**innenarten genau beobachtet.

≋ In der Vorweihnachtszeit basteln die Kinder **St**erne als Fensterdekoration.

≋ Verschiedene **T**änze werden im Sport- und Musikunterricht einstudiert.

≋ Im Mathematikunterricht werden Lern-**U**hren gebastelt und die Kinder lernen die **U**hrzeit (volle Stunden) abzulesen.

≋ Die Lehrerin bringt in einem hübschen Paket eine kleine **Ü**berraschung für jedes Kind mit. Im Laufe der Woche sollen sich die Kinder gegenseitig mit etwas **ü**berraschen (Bedingung: Es darf nichts kosten). Per Los wird festgelegt, wer wen **ü**berrascht.

≋ Die Kinder fertigen ein Geschenk zum **V**atertag an.

≋ Nach einer Traumreise gestalten die Kinder mit **W**atte **W**olkenbilder auf himmelblauem Tonkarton.

≋ Im Musikunterricht können die Kinder mit dem **X**ylophon experimentieren oder es wird eine Liedbegleitung einstudiert.

≋ **Y**ogaübungen können im Sportunterricht oder zur Entspannung zwischendurch gemacht werden (siehe Literatur- und Internettipps, S. 239) vor.

≋ Im Rahmen der Verkehrserziehung wird ein Unterrichtsgang zu einem **Z**ebrastreifen unternommen.

63 Buchstaben-Kisten Kopiervorlage 63

☀ Ziel

Die Kinder ordnen Gegenstände ihren Anlauten zu.
Als Fortführung können sie auch überlegen, ob ein bestimmter Laut in
einem Wort als An-, Binnen- oder Auslaut vorkommt.

✂ Material/Vorbereitung

Für jeden Buchstaben benötigen Sie eine Schachtel. Schreiben Sie den jeweiligen Buchstaben auf den Deckel. Schön wäre es, wenn Sie zusätzlich
das Bild eines Gegenstandes aufkleben, der mit diesem Buchstaben beginnt
(z.B. aus Ihrer Anlauttabelle). Für jede Kiste benötigen Sie mehrere kleine
Gegenstände oder Bilder, die mit demselben Buchstaben beginnen.

✹ So geht's

Präsentieren Sie den Kindern einige der vorbereiteten Kisten und eine überschaubare Auswahl an Gegenständen. Geben Sie folgenden Arbeitsauftrag:
„Auf meinem Weg zur Schule sind leider alle Schachteln aufgegangen und
die Gegenstände sind herausgefallen. Könnt ihr mir helfen, die richtigen
Kisten für die Dinge wiederzufinden?" Die Kinder sollen Vorschläge machen und begründen. Zunächst sollten Sie nur nach Anlauten sortieren
lassen.

Lassen Sie die Kinder in den nächsten Tagen weitere Gegenstände von zu
Hause mitbringen und sie gemeinsam einsortieren.

Die Kinder können die Schachteln anschließend sehr gut als Freiarbeits-
material nutzen, indem sie zunächst alle Gegenstände ausräumen und
danach wieder zuordnen.

↻ Tipps

Sie wollen auch die Binnen- und Auslaute einbeziehen?

Wählen Sie dazu wieder einige Kisten und ein paar Gegenstände aus.
Erklären Sie den Kindern, dass Sie heute nach einer neuen Regel zuordnen
werden. Legen Sie einen Gegenstand in eine „falsche" Kiste und lassen Sie

die Kinder Vermutungen anstellen, warum Sie z.B. den „Hut" in die T-Kiste gelegt haben.

Anschließend können Sie mit den Kindern überlegen, welche der anderen Dinge nach der „neuen Regel" noch in die T-Kiste gehören.

Wenn Sie das Ganze noch systematischer betreiben wollen, nehmen Sie noch die Kärtchen für An-, Binnen- und Auslaut (Vorlage 63) hinzu. Legen Sie die drei Kärtchen nebeneinander und ordnen Sie mit den Kindern die Gegenstände entsprechend zu.

Auch diese Übung eignet sich hervorragend für die Einzel- oder Partnerarbeit.

Die Arbeit mit den Schachteln und Gegenständen ist für die Kinder sehr attraktiv, weil es etwas zum Anfassen und „Begreifen" gibt. Allerdings könnten sie Ihr Platzangebot in der Klasse sprengen. Daher hier eine Platz sparende Variante: Benutzen Sie nur Abbildungen von Gegenständen, z.B. aus Katalogen und Prospekten. Sie können dann für jeden Buchstaben einen Briefumschlag anlegen. Alle Umschläge finden in einem einzigen Karton Platz. Oder Sie benutzen Prospekthüllen und einen Ordner.

64 Buchstaben-Akrobatik

 ### Ziel

Die Kinder vertiefen ihr Wissen bezüglich der Form der einzelnen Buchstaben, indem sie diese – in Gruppenarbeit – mit ihrem Körper darstellen.

 ### Material/Vorbereitung

Sie benötigen einen Satz Buchstabenkarten von A bis Z (bzw. a bis z) und eventuell einen Fotoapparat.

So geht's

Für diese Aufgabe brauchen Sie und Ihre Schüler viel Platz. Nutzen Sie doch einfach einmal die Sportstunde oder gehen Sie bei schönem Wetter spontan auf den Schulhof.

Die Schüler sollen versuchen, mit ihrem Körper die Form der Buchstaben nachzuempfinden. Dazu können sie sich entweder auf den Boden legen oder versuchen, das ganze akrobatisch in der Senkrechten aufzubauen.
Da viele Buchstaben sich nur mit zwei oder mehr Kindern nachbauen lassen, sollten Sie Vierer- bis Fünfergruppen bilden. Verteilen Sie den Satz Buchstabenkärtchen gleichmäßig an alle Gruppen. Jede Gruppe soll nun versuchen, ihre Buchstaben darzustellen. Gelungene Versuche sollten Sie mit dem Fotoapparat festhalten.
Am Ende können die Gruppen der gesamten Klasse ihre Buchstaben vorturnen. Ob sie wohl alle erkennen können?

☺ Tipps

Ein schöner Abschluss der Aktion ist eine Zusammenstellung aller geturnten Buchstaben in einer Kartei.
Die Karten können später dazu genutzt werden, Wörter zu legen (dann bräuchten Sie allerdings jeweils mehrere Exemplare) oder sie können auch als Pausenspiel ausgeliehen werden (die Kinder können dann die Fotos nachturnen).
Es ist hilfreich, wenn Sie sich im Vorfeld schon selbst überlegen, wie man die einzelnen Buchstaben darstellen könnte. Dann haben Sie immer einen Tipp auf Lager, wenn eine Gruppe gar keine Idee hat.

65 Mein ABC-Heft

☀ Ziel

Jedes Kind legt ein Heft an, in dem es zu jedem Buchstaben eine Seite gestaltet: es werden passende Wörter (An-, Binnen- und Auslaut) geschrieben, gemalt oder aufgeklebt.

✂ Material/Vorbereitung

Jeder Schüler benötigt ein Schulheft ohne Lineatur. Auf jede Heftseite (am besten in die obere äußere Ecke) wird fortlaufend das ABC geschrieben. Wichtige Grapheme wie „au", „ei" und die Umlaute „ä", „ö" und „ü" nicht vergessen! Am besten bereiten Sie die Hefte selbst vor oder lassen die Eltern dies tun, vielleicht am ersten Elternabend. Die Schüler wären damit sicher überfordert.

Hilfreich sind Kinderwörterbücher, Kataloge und Zeitschriften.

So geht's

Je nachdem, ob Sie mit einem Schreiblehrgang gemeinsam Buchstabe für Buchstabe erarbeiten oder im offenen Unterricht „Lesen durch Schreiben" betreiben, werden die Seiten nach einer vorgegebenen Reihenfolge oder nach den individuellen Wünschen der Schüler bearbeitet.

Zur Einführung des Heftes sollten Sie auf jeden Fall eine Seite beispielhaft gemeinsam bearbeiten. Jedoch wäre es trotzdem denkbar, dass jeder Schüler einen anderen Buchstaben auswählt, z.B. seinen Anfangsbuchstaben.

Die Seiten werden wie folgt gestaltet:

Die Kinder sollen möglichst viele Wörter sammeln, die entweder mit dem jeweiligen Buchstaben anfangen oder ihn beinhalten. Die Wörter sollen dann – je nach Können – aufgeschrieben, aufgemalt oder aufgeklebt werden.

Tipps

Sie können einen weiteren Schwierigkeitsgrad einbauen, indem die Kinder die Wörter nach An-, Binnen- und Auslaut ordnen sollen. Dann sollten Sie allerdings bereits bei der Vorbereitung der Hefte die Seiten entsprechend unterteilen und mit den Kindern gemeinsam vorbereitende Übungen machen.

Wie schön würden die Hefte, wenn sie auch einen entsprechenden Einband erhielten! Gestalten Sie doch mit den Kindern ein Umschlagpapier. Beispielsweise könnten alle Buchstaben des ABC aufgestempelt werden.

Wenn Sie dafür ein etwas größeres Papierformat wählen als das des Heftes, können die Hefte damit richtig eingeschlagen werden. Das wäre auch eine schöne Aufgabe für die Eltern: entweder als „Hausaufgabe" oder an einem Elternabend, wenn die Hefte fertig gestellt sind.

Analog zum ABC-Heft können die Kinder auch ein Zahlenheftchen anlegen. Für jede Zahl (bis 20) wird eine Seite angelegt, zusätzlich kann es eine Seite für die Null und einige Lieblingszahlen der Kinder geben. Auf die Seite können passende Anzahlen von Gegenständen gemalt oder geklebt werden. Es können auch typische Dinge aufgeschrieben werden, die zu der Zahl passen: z.B. das Wort „Dreieck" bei der Ziffer 3.

66 b oder d?

✳ Ziel

Durch das Merkplakat vom „bauchigen Bernd" können sich Kinder die Form des kleinen „b" besser merken und vom kleinen „d" unterscheiden.

✂ Material/Vorbereitung

Sie benötigen ein Merkplakat für den Klassenraum sowie für einzelne Schüler kleine Merkkarten. Daszu können Sie selbst einen „bauchigen Bernd" gestalten, oder Sie nehmen unsere Vorlage (66). Vergrößern bzw. verkleinern Sie dazu die Kopiervorlage entsprechend.

⚙ So geht's

Plakat und Merkkarte sind für Schüler gedacht, denen es schwer fällt, die Kleinbuchstaben „b" und „d" zu unterscheiden. Hängen Sie das Plakat für diese Kinder gut sichtbar im Klassenraum auf. Zusätzlich erhalten sie eine Merkkarte, die Sie am besten auf die Schülertische kleben.

☺ Tipps

Zusätzlich sollten die betreffenden Kinder eine Merkkarte für das Federmäppchen haben, die sie auch in Fachräume mitnehmen können. Eine weitere Karte für den Schreibtisch zu Hause ist ebenfalls sehr sinnvoll.

67 Drei Chinesen mit dem Kontrabass

☼ Ziel

Jeder kennt das Lied „Drei
Chinesen mit dem Kontrabass".
Nutzen Sie es einmal zur ge-
zielten Einübung der Vokale!
Durch das Lied prägen die
Kinder sich die fünf Vokale auf
spielerische Art und Weise ein.

✂ Material/Vorbereitung

Hilfreich sind fünf Kärtchen mit
den Vokalen.

✵ So geht's

Jeder kennt das Lied „Drei Chinesen mit dem Kontrabass". Führen Sie
zunächst das Lied mit dem „normalen" Text ein. Singen Sie nun den Text,
indem Sie alle Vokale durch „a" ersetzen. Fragen Sie die Kinder, auf welche
Weise Sie den Liedtext verändert haben.

Oder:

Kündigen Sie an, durch welchen Vokal sie die anderen ersetzen wollen, und
versuchen Sie, das Lied gemeinsam mit den Kindern zu singen: „Wir singen
jetzt alles auf ‚a'!"
Wenn Sie das Lied häufiger singen, werden sich Ihre Schüler in Kürze die
fünf Vokale gut einprägen.

☺ Tipps

Im Zusammenhang mit dem Thema „Silben" können Sie auch die Funktion
der Vokale erarbeiten: Jede Silbe braucht einen Vokal. Warum? Lassen Sie
die Kinder mal versuchen, das Lied zu singen, indem alle Vokale weggelassen werden.

 **Schreiben, schreiben, schreiben**

 Ziel

Durch verschiedene Schreibtechniken, Materialien und gestalterische Aufgaben entwickeln die Kinder sowohl Freude am Schreiben als auch Schreibsicherheit.

68a. Buchstaben-Künstler

✂ Material/Vorbereitung

Je nach Angebot benötigen Sie ganz unterschiedliche Dinge. Diese stehen in Klammern hinter der jeweiligen Idee unter der Rubrik „Tipps".

⚙ So geht's

Bieten Sie den Kindern im gelenkten Unterricht sowie in Freiarbeitsphasen verschiedenartigste Übungs- und Gestaltungsmöglichkeiten für Buchstaben an.

Die Kinder können ...

≈ mit dem Finger in die Luft schreiben.

≈ auf den Rücken oder die Handinnenfläche eines anderen Kindes schreiben; dieses soll herausfinden, welcher Buchstabe gemeint ist.

≈ mit dem großen Zeh auf den Boden schreiben. Eine Geschicklichkeitsübung wird daraus, wenn die Kinder sich einen Stift zwischen die Zehen klemmen und auf Papier schreiben, das mit Klebestreifen auf dem Boden befestigt ist.

≈ Buchstaben aus Knete oder Salzteig formen. Ausrangierte Frühstücksbrettchen eignen sich gut als Unterlage.

≈ mit einem Stöckchen in eine mit Vogelsand gefüllte Kiste (z.B. einen Stiefelkarton) schreiben.

≈ mit dem Finger auf einen angehauchten Spiegel schreiben. Dazu kann man Spiegelfliesen benutzen. Besser geeignet sind allerdings unzerbrechliche Kunststoffspiegel.

≋ mit Fingerfarbe oder einem Fingerpinsel auf Papier schreiben. Halten Sie für die Schmierfinger Baby-Feuchttücher bereit.

≋ den Innenraum von Buchstabenumrissen einmal mit allen Stiften aus dem Federmäppchen nachfahren (siehe auch Kopiervorlage 7).

≋ mit dem Finger die Form auf einer Buchstabenkarte nachfahren. Jede Karte zeigt einen anderen Buchstaben, nummerierte Richtungspfeile geben die Schreibrichtung vor.

≋ mit verschiedenfarbiger Kreide riesengroß auf der Klassentafel oder dem Schulhof schreiben.

≋ mit einem feuchten Schwamm auf der Tafel oder dem Tisch schreiben.

≋ Buchstaben aus Pfeifenreinigern nachformen. Aus allen geformten Buchstaben kann ein gemeinsames Mobile gestaltet werden.

≋ die Form des Buchstabens auf Fühlkärtchen nachspuren. Auf jedes Kärtchen ist ein Buchstabe aus Sandpapier oder anderem Material mit prägnanter Struktur geklebt.

≋ Rubbelbilder erstellen. Dazu legt es ein Blatt Papier über einen Sandpapierbuchstaben und fährt locker mit dem Bleistift darüber.

≋ Buchstaben und Wörter stempeln. Man kann aus Moosgummi und fester Pappe leicht selbst Stempel herstellen.

≋ Buchstaben mit Wolle auf Papier kleben.

≋ Schmuckbuchstaben gestalten, indem sie einen Buchstabenumriss fantasievoll bemalen oder mit Perlen, Federn usw. bekleben.

68b. Schreibcenter

✂ Material/Vorbereitung

Stellen Sie ein Sortiment attraktiver Schreibutensilien zusammen: in Farbe und Format unterschiedliche Papiere, Klebstoff, Buchstaben- und Motivstempel, Motivlocher, Scheren, Lineale, Anspitzer, verschiedene Stifte (Buntstifte, Gelschreiber, Gold- und Silberstifte, Feinliner), eine alte Reiseschreibmaschine, …

Richten Sie für das Schreibcenter einen festen Platz ein, den alle Schüler selbstständig erreichen können, z.B. auf der Fensterbank. Schön wäre auch ein passendes Schild mit der Aufschrift „Schreibcenter". Die verschiedenen Papiere legen Sie am besten sortiert in Aktenkörbe oder Deckel von Kopierpapierkartons.

Für die Stifte können Sie leicht einen Stiftständer selbst basteln. Halbieren Sie vier bis fünf Toilettenpapierrollen und malen Sie jede Hälfte in einer anderen Farbe an. Kleben Sie diese anschließend aufrecht auf ein Stück fester Pappe. Die Stifte werden nun den Farben gemäß einsortiert, sodass z.B. in der blauen Toilettenrolle nur blaue Stifte stehen.

 So geht's

Das Schreibcenter sollte den Kindern immer frei zugänglich sein. Wenn sie etwas besonders schön gestalten wollen, können sie sich dort auch besonderes Schreibmaterial holen. Sie können es aber auch nutzen, wenn ihnen etwas fehlt, wenn z.B. der eigene Bleistift zu kurz geworden ist.

☺ Tipps

Schnell ist das Schreibcenter „leergeräubert". Klären Sie mit den Kindern vorher, dass sie mit den Materialien – wie mit allen anderen auch – sorgfältig und sparsam umgehen sollen und dass alles wieder zurückgelegt werden muss, damit auch andere noch in den Genuss kommen.

69 Robbie, der Roboter

Kopiervorlage 69

 Ziel

Die Kinder zerlegen Wörter in ihre Silben und setzen umgekehrt Silben zu Wörtern zusammen.

 Material/Vorbereitung

Basteln Sie aus einem Karton einen „Roboter". Dabei sind der Fantasie keine Grenzen gesetzt. Am schönsten ist es, wenn der Roboter sich gut auf einen Tisch setzen lässt (vielleicht lässt er sogar die Beine baumeln) und so groß ist, dass sich ein Kind hinter ihm verstecken kann.
Stellen Sie einen Satz Wortkärtchen her, die sie längs in der Mitte knicken, sodass auf der Vorderseite das Wort steht, und auf der Rückseite noch

einmal in Silben zerlegt. Sie können dazu auch einfach unsere Vorlage verwenden. Zerschneiden Sie dazu die (vergrößerte) Vorlage (69) entlang der gestrichelten Linien. Anschließend wird jede Karte in der Mitte gefaltet (durchgezogene Linie), sodass auf der Vorderseite das Wort in herkömmlicher Schreibweise steht und auf der Rückseite in Silben zerlegt.

🎇 So geht's

Führen Sie den „Roboter" als Ihren Besucher Robbie ein. Lassen Sie ihn die Kinder begrüßen. Da Robbie nur die Roboter-Sprache spricht, hört sich das wahrscheinlich etwa so an „ Hal – lo lie – be Kin – der, ich bin Rob – bie der Ro – bo – ter." Sprechen Sie dabei die Silben möglichst abgehackt und mit kleinen Pausen. Wer hat Robbie verstanden? Anschließend kann Robbie noch längere Wörter in Robotersprache sagen und die Kinder übersetzen. Sie können die Kinder noch weiter einbeziehen. Ein Kind „versteckt" sich hinter Robbie und spricht für ihn. Anfangs kann diesem Kind ein Wortkärtchen helfen. So muss es nicht selbst ein Wort finden und kann – wenn es Hilfe braucht – zusätzlich auf der Rückseite die Zerlegung in Silben ablesen.

🔄 Tipps

Robbie können Sie immer mal wieder zwischendurch einsetzen. Die Kinder können ihn aber auch in Partner- oder Kleingruppenarbeit nutzen.
Wenn Ihren Schülern Robbie gut gefällt, dann bauen Sie das Roboterthema doch einfach aus: Lassen Sie die Kinder im Kunstunterricht aus Alltagsmaterialien eigene Roboter konstruieren. Im Musikunterricht können Sie das Stück „Die Roboter" von Kraftwerk (zu finden in „Unser Musikspielbuch MUK 2", Klett) behandeln. Das war bei unseren Schülern der Hit!

70 **Silben klatschen**

🔆 Ziel

Die Kinder zerlegen Wörter in ihre Silben, bestimmen die Silbenanzahl von Wörtern und finden zu einer vorgegebenen Anzahl Silben ein passendes Wort.

70 a. <u>Un-se-re Na-men</u>

Material/Vorbereitung

 So geht's

Das Klatschen könnten Sie folgendermaßen einführen: Sprechen Sie den Namen eines Kindes deutlich nach Silben getrennt und klatschen Sie zu jeder Silbe. Fordern Sie die Kinder auf, es nachzumachen. Auf diese Weise können Sie mehrere Kindernamen klatschen. Wer traut sich, nun seinen eigenen Namen vorzuklatschen?

Wenn Ihre Kinder schon viel Übung haben, können Sie aus dem Silbenklatschen auch eine musikalische Rhythmusübung machen, indem Sie mehrere Namen wiederkehrend aneinanderreihen: z.B. Tim – So-fie – Tim (lang – kurz – kurz – lang).

⌾ Tipps

Falls Ihre Schüler schon Erfahrung im Silbenklatschen haben, können Sie mit einem Rätselspiel einsteigen. Sie klatschen einen Namen vor und lassen die Kinder vermuten, welches Kind gemeint ist.

Ordnen Sie doch einmal mit Ihren Kindern zusammen alle Namen der Klasse nach der Anzahl ihrer Silben. Besonders anschaulich wird diese Aufgabe, wenn Sie damit ein Plakat erstellen.

70 b. <u>Vier Ecken voller Silben</u>

 Material/Vorbereitung

Zeichnen Sie die Silbenbögen auf vier einzelne Karten (im DIN-A4-Format).

Für das Spiel benötigen Sie einen Raum, in dem sich die Kinder frei bewegen können; ideal ist die Turnhalle.

⚙ So geht's

Sammeln Sie alle Kinder in der Mitte des Raumes. Zum „Aufwärmen" nennen Sie nacheinander einige Wörter, die die Kinder in ihre Silben zerlegen und deren Anzahl nennen sollen.

Klären Sie nun die Bedeutung der Schilder: Ein Bogen steht für alle Wörter mit einer Silbe, zwei Bögen für zwei Silben usw. Lassen Sie die Kinder nun auch noch einige Wörter den Kärtchen zuordnen.

Nun kann das Spiel endlich losgehen. Nennen Sie ein Wort mit ein bis vier Silben *(dazu können Sie auch die >> Wortkärtchen von Idee 69 nutzen).* Die Kinder sollen nun in Gedanken das Wort in Silben zerlegen und in die Ecke mit dem passenden Schild laufen. Lassen Sie nach jeder Runde ein Kind den Beweis erbringen, dass es richtig steht, indem es das Wort laut zerlegt und am besten dazu klatscht.

Danach kehren alle Kinder wieder in die Mitte zurück und Sie nennen ein neues Wort.

☉ Tipps

Sie können das Spiel auch als Wettbewerb veranstalten. Das Kind, das als erstes in der richtigen Ecke ankommt, darf das nächste Wort nennen. Dabei kommt es dann nicht nur darauf an, das Wort möglichst schnell zu zerlegen, sondern auch auf gute Orientierung (wo hängt das passende Schild?) und auf schnelles Laufen, sodass nicht nur die Kinder gewinnen, die gut im Fach Deutsch sind.

Falls Sie die Turnhalle nicht nutzen können, haben Sie vielleicht eine große Eingangshalle, eine leeres Musikzimmer o.Ä. Auch der Schulhof eignet sich, am besten mit einem eingezeichneten Spielfeld, damit die Ecken deutlich genug sind. Falls Sie das Spiel ohne großes Hin und Her kurz zwischendurch spielen wollen, können die Kinder auch an ihren Plätzen sitzen bleiben und einfach in die Raumecke mit dem passenden Schild zeigen. Oder Sie lassen die Kinder einfach so viele Finger heben, wie das Wort Silben hat.

71 Jedes Ding hat seinen Namen

 Ziel

Die Kinder stellen bei dieser Leseübung den Zusammenhang her zwischen dem geschriebenen Wort und dem bezeichneten Gegenstand. Dabei können sie die Wörter nach einzelnen bekannten Buchstaben untersuchen und erste Leseversuche anstellen.

✂ Material/Vorbereitung

Stellen Sie Wortkärtchen her, die Sie in Druckbuchstaben mit verschiedenen Gegenständen im Klassenraum beschriften..

🎲 So geht's

Führen Sie die Wortkärtchen folgendermaßen ein:
Stellen Sie diese im Sitzkreis vor. Lassen Sie die Schüler einzelne Buchstaben benennen, die sie schon kennen, oder sogar schon ganze Wörter lesen.
Die übrigen Wörter lesen Sie selbst vor. Bitten Sie einige Kinder, jeweils ein Kärtchen an dem dazugehörigen Gegenstand in der Klasse zu befestigen.
Oder:
Befestigen Sie die Wortkärtchen an den entsprechenden Gegenständen im Raum. Lassen Sie diese ein oder zwei Tage dort hängen und geben Sie den Kindern die Möglichkeit, selbst zu entdecken, was es damit auf sich hat. Besprechen Sie erst dann die Karten gemeinsam.
Auf diese Weise können die Wortkärtchen weiter genutzt werden:
Sie bleiben über einen längeren Zeitraum an den Gegenständen befestigt. So sehen die Kinder sie immer wieder und entdecken, dass sie mit der Zeit immer mehr Buchstaben kennen, bis sie schließlich in der Lage sind, einzelne Wörter auch zu erlesen.
Außerdem bieten die Wortkärtchen eine Übung für die Freiarbeit oder den Wochenplan: Ein Kind wählt beliebig viele Kärtchen aus und versucht, sie den Gegenständen wieder zuzuordnen.

☺ Tipps

Nach und nach können Sie die Anzahl der Kärtchen erhöhen und auch Wörter benutzen, die nicht lautgetreu geschrieben werden. Als Lesehilfe können längere Wörter gegliedert werden, indem man die einzelnen Silben in einer anderen Farbe oder durch Fettdruck hervorhebt. Ebenso können mehrgliedrige Grapheme betont werden.

Zur Befestigung der Kärtchen eignet sich sehr gut eine Klebe-Knete. Sie lässt sich zu kleinen Kügelchen formen, mit denen man die Kärtchen an den Gegenständen befestigen kann. Die Klebe-Knete ist ohne Probleme wieder ablösbar und wieder verwendbar, sodass die Kärtchen mehrmals abgenommen und wieder befestigt werden können.

72 Der Lesefant

Kopiervorlage 72

✳ Ziel

Der Lesefant hilft beim Erlesen einzelner Wörter, indem er die Konzentration auf den einzelnen Laut lenkt und das Wort Buchstabe für Buchstabe aufgebaut wird.

✂ Material/Vorbereitung

Sie benötigen einen großen Lesefanten zur Demonstration und gegebenenfalls einige kleine Exemplare für die Schüler. Für das Demo-Exemplar vergrößern Sie die Vorlage (72), oder Sie zeichnen selbst einen Elefanten. Das geöffnete Maul sollte in der Höhe der Breite einer Streichholzschachtel entsprechen (ca. 3 cm). Kleben Sie die Kopien auf stabile Pappe. Befestigen Sie an der Rückseite der Lesefanten jeweils den äußeren Teil einer Streichholzschachtel, sodass diese als Halterung für die Wortstreifen dienen kann, die eine Öffnung also mit dem Maul abschließt. Es gibt Streichholzschachteln neben den herkömmlichen Maßen übrigens auch in Übergröße.

Stellen Sie einen Satz Wortkärtchen her, deren Höhe etwa der Streichholzschachtel entspricht. Für den Einstieg eignen sich am besten lautgetreue Wörter.

⚙ So geht's

Stellen Sie den Kindern den Lesefanten vor und lassen Sie sie vermuten, was er kann: Tatsächlich hilft er beim Lesen. Schieben Sie einen Wortstreifen so weit aus dem Maul, dass nur der erste Buchstabe des Wortes zu lesen ist.

Lassen Sie die Kinder den Laut benennen. Dann folgt der zweite Buchstabe, der wieder benannt werden soll. Beide Laute sollen miteinander verbunden werden. Auf diese Weise arbeiten Sie sich durch das gesamte Wort.

Sie können den Lesefanten immer wieder in gemeinsamen Unterrichtsphasen (beispielsweise täglich zu Beginn der Deutschstunde) benutzen und einige Wörter gemeinsam lesen. Außerdem können z.B. in der Freiarbeit einzelne Kinder mit den kleinen Exemplaren selbstständig lesen üben.

☺ Tipps

Wenn die Kinder das Prinzip des Lesens gut verstanden haben, können Sie mit dem Lesefanten auch ein Rätselspiel veranstalten. Geben Sie eine Kategorie vor, aus der das Wort auf dem Wortstreifen stammt, z.B. Tiere. Ziehen Sie den ersten Buchstaben hervor. Wer weiß jetzt schon, um welches Tier es sich handelt? Keiner? Wer errät es denn nach zwei oder drei Buchstaben? Damit möglichst alle Kinder mit überlegen, lassen Sie sich bei jedem neuen Buchstaben von zwei bis vier Kindern die Lösungsidee ins Ohr flüstern.

Ist die richtige Lösung dabei, können die anderen trotzdem noch weiter raten und auch die langsameren Schüler haben eine Chance.

Bei zunehmender Lesekompetenz der Schüler können Sie neue Wortstreifen einführen, die längere Wörter enthalten. Eine optische Gliederung in Silben ist dann hilfreich *(>> vgl. Idee 71).*

73 Satz des Tages

 Ziel

Die Kinder lesen ganze Sätze. Diese bieten einen besonderen Leseanreiz und fördern das sinnentnehmende Lesen, da ihr Inhalt einzelne Kinder oder die ganze Klasse betrifft.

 Material/Vorbereitung

Schreiben Sie vor Beginn des Unterrichts einen Satz an die Tafel (Beispiele siehe unten).

⚝ So geht's

Schreiben Sie täglich einen neuen „Satz des Tages" an die Tafel. Bei einem offenen Unterrichtsbeginn können die ankommenden Kinder sich nach Belieben mit dem Satz beschäftigen. Wenn Sie gemeinsam anfangen, besprechen Sie den Satz im Morgenkreis oder wo/wie auch immer Sie beginnen.

⟳ Tipps

Aber was ist denn genau ein „Satz des Tages". Hier finden Sie verschiedene Kategorien nebst Beispielen:

Der „Satz des Tages" enthält ein Quatschwort, das nicht zum Inhalt passt. Wer findet dieses Wort? Wer findet ein passendes Wort und kann es an die Stelle des Quatschwortes schreiben?
Beispiele:
„In der Hofpause schlafen wir gerne."
„Frau/Herr (setzen Sie Ihren Namen ein) ... hat grüne Haare."
„Hunde haben vier Arme."

Der „Satz des Tages" enthält eine Aussage, die auf einen Teil der Klasse zutrifft. Alle Kinder, die meinen, dass sie dazugehören, dürfen ihren Namen an die Tafel schreiben. Das ist übrigens ein großer Anreiz mitzumachen, da die Klassentafel normalerweise von den Schülern selten genutzt werden darf.
Beispiele:
„Ich bin sechs Jahre alt."
„Ich habe braune Haare."
„Ich mag gerne Eis."
„Meine Mama heißt Anna."

Der „Satz des Tages" ist in Form einer „Morgenankündigung" verfasst und weist die Kinder auf etwas hin, das an diesem Tag stattfindet oder besonders ist.
Beispiele:
„Heute ist hitzfrei."
„In der Musikstunde werden wir tanzen."
„In der Frühstückspause lese ich ein neues Buch vor."

Bestimmt fallen Ihnen noch weitere Ideen ein.

74 Lesen, lesen, lesen

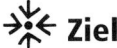 **Ziel**

Die Kinder werden dazu motiviert, Texte, Bücher und Zeitschriften zu lesen.

74 a. Jetzt ist Lesezeit

 **Ziel**

Innerhalb der Schulwoche wird eine feste Lesezeit etabliert, die den Kindern Ruhe, Zeit und Anreiz für selbstständiges Lesen bietet.

✂ Material/Vorbereitung

Tragen Sie vielfältige Lesematerialien zusammen. Schön wäre es, wenn diese einen festen Platz in der Klasse haben, beispielsweise ein bestimmtes Regal oder spezielle Kisten. Für die Kinder ist es hilfreich, wenn die Materialien in irgendeiner Form geordnet sind. Die Kriterien hängen natürlich davon ab, welche Materialien Ihnen zur Verfügung stehen. Möglich wäre z.B. eine Sortierung nach Art des Mediums (Buch, Zeitschrift, Spiel) oder nach Schwierigkeitsgrad.
Des Weiteren sind ein Schild mit der Aufschrift „Lesezeit", eine Wanduhr und ein Papierpfeil nützlich.

⚙ So geht's

Bevor Sie zum ersten Mal mit den Kindern eine Lesezeit durchführen, sollten Sie mit ihnen die Regeln für diese Phase besprechen.
Wir empfehlen, zunächst mit zehn Minuten zu beginnen, die Zeit kann im Laufe des Schuljahres auch verlängert werden. Damit die Kinder einen Überblick über den Zeitrahmen haben (Sie ersparen sich dann ständiges Zwischenfragen: „Wie lange können wir noch lesen?"), sollten Sie an der Wanduhr (z.B. mit Hilfe eines Pfeils) markieren, bis wann gelesen wird.
Eine weitere sehr empfehlenswerte Regel ist die „Schweige-Regel": Es wird während er Lesezeit nicht gesprochen, jeder liest für sich. Sehr viele Kinder nehmen diese Gelegenheit dankbar auf und finden sie sehr erholsam.
Allerdings müssen Sie dann bei der Auswahl des Lesematerials darauf

achten, dass alle Aufgaben auch allein bewältigt werden können.
Außerdem sollten alle Lesematerialien und der Umgang mit ihnen
allen Kindern bekannt sein: Damit sind nicht nur Spielregeln gemeint,
sondern auch scheinbare Banalitäten, etwa „Wie stelle ich ein Buch
wieder richtig ins Regal zurück?"

Jetzt zur eigentlichen Lesezeit:
Zu Beginn verkünden Sie jeweils, dass nun die Lesezeit beginnt, und hängen
das Schild gut sichtbar auf. Zeigen Sie an der Wanduhr, bis wann die Lesezeit dauert und erinnern Sie an die Schweige-Regel.
Da Lesen auch viel mit Gemütlichkeit zu tun hat, wäre es schön, wenn die
Kinder es sich zum Lesen bequem machen könnten, z.B. auf einem Teppich
oder Sitzkissen.

 Tipps

Es bietet sich an, die Lesezeit fest in den Stundenplan zu integrieren.
Und was machen Sie als Lehrerin während der Lesezeit: Sie sollten mit
gutem Beispiel voran gehen und auch lesen. Wenn Sie das schlechte
Gewissen plagt, dass Sie ja dann nicht wirklich arbeiten, dann lesen Sie
doch einfach ein bisschen Fachliteratur.

74 b. Lesepaten

 Ziel

Lesepaten begleiten einzelne Kinder beim Lesen. Sie bieten – falls nötig –
Hilfe an und überprüfen das Leseverständnis, indem sie sich mit den
Kindern über das Gelesene unterhalten.

 Material/Vorbereitung

---

So geht's

Lesepaten können Väter, Mütter, Omas, Opas sein. Versuchen Sie doch auch
einmal, die älteren Paten Ihrer Schüler *(>> siehe Idee 1)* einzubeziehen. Die

Paten sollten möglichst regelmäßig an der Lesezeit (oder auch der Frei- bzw. Wochenplanarbeit) teilnehmen.

Die Kinder wählen das Lesematerial selbstständig aus. Der Lesepate hilft nur, wenn es unbedingt nötig ist. Allerdings ist es sehr hilfreich, wenn er sich mit dem Kind über das Gelesene unterhält. Auf diese Weise kann das Leseverständnis überprüft werden. Außerdem sollte er mit dem Kind gemeinsam überlegen, ob der ausgewählte Schwierigkeitsgrad angemessen war.

☾ **Tipps**

Die meisten Kinder finden diese Situation in den Regel sehr attraktiv: Am Schulvormittag einmal einen Erwachsenen (oder den älteren Paten) ganz für sich allein haben. Deshalb sollten auch alle Kinder einmal die Gelegenheit haben, mit den Lesepaten zu lesen, nicht nur diejenigen, die besonderen Übungsbedarf haben.

Meistens haben die Kinder keine Probleme mit „fremden" (Groß-)Eltern. Allerdings sollten Sie schüchterne Kinder auf keinen Fall „zwingen", sonst verderben Sie schnell den Spaß am Lesen.

Wenn Sie die Einschätzung der Lesepaten für Ihre eigene Beurteilung des Kindes nutzen wollen, empfehlen wir ein Heft anzulegen, in das die Lesepaten am Ende der Stunde ihre Eindrücke und Beobachtungen eintragen können. Um andere Kinder nicht zu stören, sollten sich die Lesepaten mit ihren Schützlingen zum Beispiel auf den Flur oder in die Bibliothek zurückziehen.

74 c. <u>Unser Buch der Woche</u>

Kopiervorlage 74

☀ **Ziel**

Wöchentlich wird ein neues Buch präsentiert. Wer möchte, kann es lesen und dazu einen Buch-Steckbrief ausfüllen.

✂ **Material/Vorbereitung**

Befestigen Sie an einem Buchständer (gibt es im Schreibwarenhandel) ein Schildchen mit der Aufschrift „Buch der Woche". Alternativ eignet sich auch eine Mini-Staffelei (gibt es in einigen Möbelhäusern). Der Ständer sollte gut sichtbar dort aufgestellt werden, wo Sie allgemein die Bücher aufbewahren

oder aber an einer Stelle, an der auch andere Dinge präsentiert werden. Legen Sie einen Ordner an und füllen Sie ihn mit den noch unbearbeiteten Buch-Steckbriefen. Diese können Sie ganz einfach selbst erstellen, oder mit den Schülern gemeinsam Kriterien entwickeln, die in einen Buch-Steckbrief gehören. Alternativ können Sie natürlich auch einfach unsere Vorlage (74) verwenden.
Jetzt müssen Sie nur noch geeignete Bücher finden.

So geht's

Stellen Sie jede Woche ein neues Buch in den Ständer. Hierzu bietet sich z.B. der Montag-Morgen-Kreis an, sodass alle Kinder den Wechsel mitbekommen. Im Verlauf der Woche haben sie nun die Gelegenheit, das Buch anzusehen und/oder zu lesen.
Nach einiger Zeit können Sie auch die Buch-Steckbriefe einführen. Wer ein Buch gelesen hat, füllt das Formular aus und heftet es in die Mappe.

Tipps

Anfangs sollten Sie selbst ein paar Bücher in petto haben, die Sie vorstellen können. Nach und nach können Sie aber die Kinder mit einbeziehen und den Auftrag erteilen, ein Buch von zu Hause mitzubringen.
Für die Buch-Steckbriefe ist es wichtig, dass sie nicht nur einfach abgeheftet werden und dann in der Versenkung verschwinden. Finden Sie einen Zeitpunkt innerhalb der Schulwoche, z.B. im Abschlusskreis am Freitag, an dem ein erstellter Steckbrief der ganzen Klasse vorgestellt werden kann, sodass einerseits die Arbeit des jeweiligen Buch-Kritikers gewürdigt wird, andererseits vielleicht das Interesse der anderen Kinder für das Buch geweckt wird.

75 Schatzkiste des Schriftstellers

Ziel

In der Schatzkiste werden verschiedenartige Anregungen zum Erfinden und Aufschreiben eigener Geschichten gesammelt.

✂ Material/Vorbereitung

Gestalten Sie einen (Schuh-)Karton von außen als Schatzkiste um und füllen Sie diesen
mit Ihrer Materialsammlung (siehe Tipps).

⚙ So geht's

Die Kinder wählen eine Sache aus der Kiste
aus, erfinden dazu eine Geschichte und
schreiben sie auf *(z.B. in ihr Geschichtenbuch,
>> vgl. Idee 76)*. Selbstverständlich darf jedes Kind seine
Geschichte der Klasse vorlesen.
Zwei schöne Präsentationsmöglichkeiten bietet die >> *Idee 105*.

↺ Tipps

Und was können Sie Ihren Schülern in der Schatzkiste anbieten?

Hier ein paar Vorschläge:

Es können einzelne kleine Gegenstände sein: eine hübsche Muschel, eine
lustige Figur aus einem Überraschungs-Ei, eine schöne Dose, ein kleines
Stofftier, ein Babyschuh, ein gemusterter Stein, ein Leuchtstern, ein
Spielzeugauto ...
Beschriften Sie Papierstreifen mit einzelnen Sätzen sowie dem Anfang oder
dem Ende einer Geschichte: „Eines Morgens wachte ich auf und mein Bett
stand im Garten." – „Wenn Papa Urlaub hat, dann ..." – „Wenn ich drei
Wünsche frei hätte ..." – „Mein bester Freund" – „... und wenn sie nicht
gestorben sind, dann leben sie noch heute."...
Schneiden Sie interessante Bilder aus Zeitschriften aus. Es lohnt sich, die
Seiten mit der Werbung genauer unter die Lupe zu nehmen.
Machen Sie Abzüge von Fotos, die bei Ausflügen, Festen oder im Unterricht
entstanden sind.
Beschriften Sie drei größere Würfel jeweils auf allen Seiten mit Nomen,
Verben und Adjektiven: zum Beispiel: Prinzessin, Gespenst, Frühlingswiese,
Gewitter, Purzelbaum, Pizza – trompeten, schnarchen, trippeln, erfinden,
schlafen, fliegen – traurig, neugierig, wunderschön, angebrannt, unheim-
lich, zornig. Die Kinder würfeln und erfinden einen Satz oder eine ganze
Geschichte mit den drei Wörtern, die nun oben zu lesen sind.

76 **Die Buchautoren**

 **Ziel**

Die Kinder entwickeln Freude am Schreiben eigener Texte. Diese werden in Form von Büchern und Heften gesammelt.

76 a. <u>Unser Klassentagebuch</u>

 **Ziel**

Die Klasse dokumentiert alltägliche und besondere Ereignisse aus dem Schulleben, indem jeden Tag ein anderes Kind etwas für das gemeinsame Tagebuch aufschreibt.

✂ **Material/Vorbereitung**

Sie können eine dicke Kladde oder einen Aktenordner nutzen.
Die Kladde hat den Vorteil, dass nichts verloren gehen kann und dass das Buch später besser zu blättern und zu lesen ist.
Der Ordner hat den Vorteil, dass die Kinder zwischen liniertem und blanko Papier wählen können und dass eine misslungene Seite einfach ausgetauscht werden kann. Fertige Seiten sollten mit Prospekthüllen geschützt werden.

⚙ **So geht's**

Schön wäre es, wenn Sie selbst z.B. für die ersten beiden Schulwochen Tagebuch führen und für jeden Tag eine Seite gestalten. Dazu können Sie auch Fotos kleben oder etwas zeichnen (denn das sollen die Kinder ja später auch tun). Stellen Sie den Kindern das angefangene Tagebuch dann z.B. im Morgenkreis vor und erklären Sie, dass von nun an immer ein Kind für jeden Tag eine Seite füllen soll. Partnerarbeit ist dabei durchaus möglich. Lassen Sie die Kinder zum Schreiben beispielsweise die Wochenplanstunde oder die Freiarbeitszeit nutzen, es kann aber auch eine Spezial-Hausaufgabe sein. Es ist für die Motivation der Kinder sehr wichtig, dass Sie einen Rahmen schaffen, in dem die gestalteten Seiten angemessen gewürdigt werden. Beginnen Sie doch einfach jeden Schultag mit dem Vorlesen des Tagebucheintrags vom Vortag und geben Sie dem Tagebuch einen besonderen Platz in der Klasse, sodass die Kinder auch zwischendurch einmal darin schmökern können.

Am Ende des Schuljahres haben Sie eine tolle Erinnerung an alle wichtigen Ereignisse.

 Tipps

Das Ganze ist zu aufwändig, meinen Sie?

Dann lassen Sie doch ein Wochenbuch führen: Es wird dann nur für jede Woche eine Seite gestaltet.

Dieses könnten Sie sogar am Ende des Schuljahres für alle Kinder vervielfältigen. Bitten Sie doch dazu einfach Eltern um Hilfe, denn das Kopieren, Ordnen und Heften macht doch ganz schön viel Arbeit.

Und was ist mit den Kindern, die noch nicht schreiben können? Die malen einfach ihre Erlebnisse und lassen den Text von ihren Eltern, von Ihnen oder einem Mitschüler *(>> siehe Idee 81 „Sekretäre und Sekretärinnen")* schreiben.

76 b. <u>Mein Geschichtenbuch</u>

⚛ Ziel

Die Kinder gestalten ein eigenes Buch, in das sie im Lauf des Schuljahres oder sogar der gesamten Grundschulzeit ihre selbst verfassten Texte schreiben und auch dazu zeichnen können.

 Material/Vorbereitung

Jedes Kind benötigt eine dicke Kladde im DIN-A4-Format, am besten unliniert, damit auch darin gezeichnet werden kann. Die Kinder können auf farbigem Papier ein Deckblatt für ihr Geschichtenbuch gestalten, das am besten mit Selbstklebefolie befestigt und geschützt wird.

🎇 So geht's

Für die Einführung wäre es toll, wenn Sie schon ein vorbereitetes Geschichtenbuch hätten. Führen Sie das Buch als etwas Besonderes ein, in das man seine schönsten Geschichten schreibt, dazu malt oder auch etwas einklebt. Das können selbst erfundene Geschichten sein, die in der Freiarbeit entstehen, aber auch Geschichten, die sie gemeinsam im Unterricht erarbeitet haben, ebenso persönliche Erlebnisse der Kinder finden hier ihren Platz. Vor der ersten Benutzung wird das Deckblatt hergestellt und aufgeklebt. Es kann z.B. folgende Aufschrift erhalten „Geschichtenbuch von ... (Name des Kindes)". Die farbliche Gestaltung bleibt jedem Kind selbst überlassen. Fertige Deckblätter werden von Ihnen selbst (Selbstklebefolie ist tückisch und haftet mit Vorliebe dort, wo man sie nicht haben will) auf den Einband der Kladde geklebt.

Sorgen Sie dafür, dass die Kinder regelmäßig die Möglichkeit haben, ihre Texte der Klasse vorzustellen *(>> siehe auch Idee 106 „Vorhang auf").*

 Tipps

Besprechen Sie mit den Kindern sehr genau, welche Dinge im Buch Platz finden sollen und was sie lieber auf einem anderen Papier schreiben/malen sollen. Das Buch soll wirklich nur Texte und Bilder enthalten, die die Kinder dauerhaft aufheben wollen, also diejenigen, die mit besonderer Sorgfalt hergestellt werden oder die eine besonders schöne Idee sind. Ansonsten besteht die Gefahr (und so ist es uns am Anfang ergangen), dass einige Kinder das schöne Buch zum reinen Malbuch umfunktionieren oder die Seiten wahllos mit einzelnen Wörtern beschriften.

Das soll nicht heißen, dass im Geschichtenbuch alle Texte rechschreiblich überarbeitet sein müssen. Gerade die Sammlung von Texten in verschiedenen Stadien der Schreibentwicklung macht das Buch später zu einer besonderen Erinnerung.

76 c. Mini-Hefte

Kopiervorlage 76

✳ Ziel

Die Kinder schreiben Texte zu einem bestimmten Thema in ein dazu passendes Heftchen, zum Beispiel eine Igelgeschichte in ein Heft, das den Umriss eines Igels hat.

 Material/Vorbereitung

Kopieren Sie die gewählte Form (von der Kopiervorlage 76 oder eine selbst gezeichnete) auf farblich passendes Papier. Es passen jeweils zwei Motive im Querformat untereinander. Sie müssen also das Papier anschließend noch längs halbieren.

Halbieren Sie auf die gleiche Weise weißes Papier.
Legen Sie nun die Heftchen zusammen: aus einem farbigen Deckblatt und 2 bis 3 weißen Papierstreifen. Falten Sie die Hefte entlang der gestrichelten Linie und tackern Sie diese dort zusammen.
Nun müssen die Umrisse noch ausgeschnitten werden. Nutzen Sie dabei die Mithilfe der Eltern. Entweder nimmt jedes Kind sein Heft mit nach Hause oder Sie bereiten die Hefte an einem Elternabend gemeinsam vor.

So geht's

Sie können die Hefte entweder bei einem gemeinsamen Unterrichtsthema einsetzen, wenn Sie beispielsweise im Herbst über den Igel gesprochen haben. Jedes Kind kann in sein Heft eine Igelgeschichte schreiben oder sein neu erworbenes Wissen über dieses Tier festhalten.
Sie können aber auch eine Auswahl verschiedener Hefte für die Freiarbeit zur Verfügung stellen. Die Kinder können sich ein Heft und somit ein Schreibthema selbst aussuchen.

Tipps

Lassen Sie doch einmal Kinder selbst einen Heftumschlag zeichnen!

77 Briefe, Briefe, Briefe

 Ziel

Die Kinder schreiben Briefe und erleben somit eine Funktion des Schreibens im Alltag. Sie lernen formale Bestandteile eines Briefes und einer Adresse kennen.

✂ Material/Vorbereitung

Sie benötigen ein Sortiment an Schreib-, und Briefpapier zur Auswahl sowie Briefumschläge und Briefmarken.
Bereiten Sie einen Musterbrief und -umschlag vor.

🌀 So geht's

Wenn Sie zum ersten Mal mit Ihrer Klasse einen Brief schreiben, müssen Sie auf jeden Fall gemeinsam den Aufbau eines Briefes und der Adresse von Absender und Adressat erarbeiten. Am anschaulichsten geht das anhand eines Musterbriefes. Dieser sollte das Datum, eine Anrede, eine Mitteilung und eine Verabschiedung enthalten. Sammeln Sie mit den Kindern auf einem Plakat zusätzlich verschiedene Begrüßungs- und Verabschiedungsformeln, damit sie später beim Verfassen eigener Briefe eine Hilfe bzw. Variationsmöglichkeiten haben.
Die Teile der Adresse werden benannt: Vor- und Nachname, Straße und Hausnummer, Postleitzahl und Ort. Die Kinder sollten auf jeden Fall die eigene Adresse schreiben lernen.

Bieten Sie nun den Kindern im Laufe des Schuljahres immer wieder Gelegenheiten, individuell oder gemeinsam als Klasse Briefe zu verfassen.
Wir haben einige Anlässe dazu gesammelt: Geburtstagskarten, Genesungswünsche für kranke Mitschüler oder Lehrer, eine Brieffreundschaft mit einer Schulklasse in einer anderen Stadt, ein Brief an den Autor eines im Unterricht bearbeiteten Buches, ein Dankschreiben zum Beispiel an den netten Feuerwehrmann, der die Führung durch die Feuerwehrwache so spannend gestaltet hat.

↺ Tipps

Da anfangs nur wenige Kinder schreiben können, kann die Mitteilung des Briefes auch aus einem Bild bestehen, das mit Anrede und Unterschrift versehen wird.
Sprechen Sie auch über das Porto und gehen Sie doch einmal gemeinsam zur Post, um dort Briefmarken zu kaufen. Bei dieser Gelegenheit können Sie auch das Thema „Geld" anschneiden: Wie viel müssen wir bezahlen? Mit welchen Münzen oder Scheinen können wir bezahlen?
Die beiden folgenden Ideen zeigen Ihnen, wie Sie das Schreiben von Briefen bzw. Postkarten zu einem festen Ritual in der Klasse werden lassen können:

77a. <u>Urlaubspost</u>

✻ Ziel

Die Kinder schreiben eine Postkarte aus ihrem Urlaubsort an die Klasse. Nach den Ferien können so die Kinder leichter von ihren Erlebnissen berichten. Die Ferienorte können auf einer Landkarte gesucht werden.

✂ Material/Vorbereitung

Die Kinder müssen individuell eine Ansichtkarte und Briefmarke besorgen. Für den Klassenraum benötigen Sie eine Europa- oder Weltkarte und Aufkleber, die Sie mit den Namen der Kinder beschriften.

⚙ So geht's

Fordern Sie die Kinder vor den Ferien auf, eine Ansichtkarte aus ihrem Urlaubsort zu schreiben. Wer zu Hause bleibt, kann einen Brief schreiben und vielleicht ein Foto mitschicken.

Klären Sie unbedingt, ob dies eine freiwillige oder eine Pflichtaufgabe ist. Hilfreich ist eine kurze schriftliche Info an die Eltern, die am besten auch noch einmal die Schuladresse enthält.

Nach den Ferien werden – nach der Präsentation der Karten – die Urlaubsorte auf einer Landkarte gesucht und mit einem Namensaufkleber gekennzeichnet. Dabei ergeben sich von selbst Gespräche über folgende Fragen: Wer war alles im selben Land? Wer war in Deutschland? In welchem Bundesland warst du? Wer war in Europa oder auf einem anderen Kontinent? usw.

↻ Tipps

Wenn Sie diese Aufgabe vor jeden Ferien stellen, haben Sie am Ende des Schuljahres oder gar der gesamten Grundschulzeit eine stattliche Sammlung an Karten zusammen. Sie sollten sich überlegen, wie Sie die Karte aufbewahren möchten: in einer schönen Schachtel, in einem Ordner mit Klarsichthüllen oder an einer Postkartenwand. Hübsch sieht es aus, wenn Sie die Karten als Wandfries aufhängen. Befestigen Sie am Anfang der langen Reihe die Abbildung einer Lok und versehen Sie alle Postkarten am unteren Rand mit zwei Kreisen aus Tonpapier. Fertig ist der Urlaubszug!

77b. Mein Briefkasten

 Ziel

Jedes Kind hat einen eigenen kleinen Briefkasten. Die Kinder können sich nun beliebig oft kleine Mitteilungen schreiben. Dabei üben sie das Schreiben und Lesen von Sätzen und kurzen Texten.

✂ Material/Vorbereitung

Für jedes Kind benötigen Sie einen Briefumschlag mit spitzer Klebelasche (er soll aufgeklappt wie ein Haus mit Dachgiebel aussehen). Spannen Sie eine Schnur an einer Wand entlang. Sie muss so lang sein, dass Sie später mit Wäscheklammern alle Briefumschläge nebeneinander daran befestigen können. Wählen Sie die Höhe so, dass die Kinder sie ohne Probleme erreichen können. Stellen Sie eine Box mit Notizzetteln bereit (zum Beispiel im „Schreibcenter", >> *vgl. Idee 68*). Am besten basteln Sie schon einen „Briefkasten" als Anschauungsobjekt.

✯ So geht's

Jedes Kind erhält einen Briefumschlag. Die Klebelasche wird nach oben geklappt. So hat er die Form eines Hauses mit Dach. Die durchgehende Seite wird nun von den Kindern bemalt. Unser Gestaltungsvorschlag: der dreieckige Teil des Umschlages wird wie ein Hausdach angemalt, der rechteckige Teil erhält Türen und Fenster. Außerdem sollte auf jedem Briefumschlag der Name des Kindes deutlich zu erkennen sein.
Die fertigen Briefkästen werden mithilfe von Wäscheklammern an der vorbereiteten Leine befestigt.
Von nun an können die Kinder sich gegenseitig kleine Briefe schreiben, die sie in den jeweiligen Briefkasten einwerfen.

⟳ Tipps

Den Briefkasten, den Sie zur Anschauung vorbereiten, versehen Sie am besten mit Ihrem eigenen Namen. Sie werden sehen, wie viel Spaß es den Kindern macht, Ihnen zu schreiben.
Wenn Sie die Briefkästen in alphabetischer Reihenfolge aufhängen, ist ein bestimmter Briefumschlag schneller aufzufinden. Außerdem gewöhnen sich

die Kinder schon einmal an die Abfolge der Buchstaben und erleben einen praktischen Nutzen dieser Ordnung.

In jeder Klasse gibt es Kinder, die bei sehr vielen anderen beliebt sind, und diejenigen, die nur wenige mögen. Damit es kein Kind gibt, das ständig leer ausgeht, sollten Sie sich ab und zu die Mühe machen, zumindest an einige Kinder selbst einen Brief zu schreiben.

Es bietet sich auch an, einen Zeitpunkt im Unterrichtsalltag festzulegen, wann Briefe geschrieben, aus dem Kasten geholt und gelesen werden dürfen. Das kann in der Freiarbeit oder Wochenplanstunde, aber auch in der Frühstückspause oder in einer Lesestunde sein. Sie ersparen sich mit einer genauen Reglung, dass ein Kind beispielsweise mitten im Morgenkreis aufspringt und zu seinem Briefkasten rennt.

78 Wort des Tages

Ziel

Gemeinsam werden einzelne Wörter lautiert und aufgeschrieben. Später können zusätzlich bestimmte Rechtschreibphänomene besprochen werden.

Material/Vorbereitung

Sie benötigen nur Ihre Wandtafel, weiße und später auch farbige Kreide.

So geht's

Schreiben Sie jeden Tag unter Mithilfe der Kinder das Wort des Tages an die Tafel. Nennen Sie den Kindern – anfangs ein lautgetreues – Wort. Es wird gemeinsam lautiert und Buchstabe für Buchstabe aufgeschrieben.

Nach und nach können auch „schwierigere" Wörter ausgewählt werden, zum Beispiel mit mehrgliedrigen Graphemen bzw. nicht lautgetreuer Schreibweise.

Tipps

Wenn Sie über ein bestimmtes Rechtschreibphänomen sprechen wollen, wählen Sie am besten innerhalb einer Woche täglich ein weiteres passendes

Wort dazu aus: Hund, Wald, Wand, Mund, Hand. So können Sie sehen, ob die Kinder das Prinzip verstanden haben. Geben Sie dazu einmal die Aufgabe an die Kinder weiter, am nächsten Tag ein passendes Wort vorzuschlagen.

 **Abschreibheft**

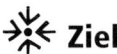 **Ziel**

Mit dem Abschreibheft lässt sich das Abschreiben im Sinn einer Recht-schreib-Übung durchführen. d.h. die Kinder kopieren nicht nur einfach Buchstabe für Buchstabe, sondern merken sich Wörter oder Teile eines Satzes.

 **Material/Vorbereitung**

Bereiten Sie für jedes Kind ein Abschreibheft vor. Kleben Sie dazu eine-Prospekthülle auf die Rückseite eines DIN-A5-Heftes mit Schreiblineatur. Außerdem benötigen Sie eine Kartei mit Abschreibkarten (siehe Tipps), ebenfalls im DIN-A5-Format.

So geht's

Der Clou beim Abschreibheft ist, dass ein bloßes Abmalen Buchstabe für Buchstabe den Schülern sehr schnell zu lästig wird und sie daher bald ein-sehen, dass es geschickter ist, sich das ganze Wort oder zumindest Wortteile (in weiteren Schuljahren Satzteile) zu merken.

Die Karteikarte, von der abgeschrieben werden soll, wird nämlich in die Prospekthülle geschoben. Da die Kinder in das Heft hineinschreiben, müssen sie jedes Mal, wenn sie die Vorlage ansehen wollen, den Stift weglegen und das Heft zuklappen.

Hat ein Kind die gesamte Karte abgeschrieben, nimmt es diese aus der Hülle, legt sie neben den eigenen Text und vergleicht Wort für Wort. Es hat nun noch die Möglichkeit, Wörter zu berichtigen. Erst dann sollten Sie selbst die Arbeit ansehen.

⟳ Tipps

Sie sollten von Anfang an Karten mit unterschiedlichem Schwierigkeitsgrad und Umfang vorbereiten; beide sollten im Lauf des Schuljahres bzw. der Schuljahre weiter gesteigert werden. Anfangs besteht eine Karte vielleicht aus fünf lautgetreuen Wörtern, dann folgen Wörter mit mehrgliedrigen Graphemen, später Wörter mit bestimmten Rechtschreibphänomenen. Aus Einzelwörtern werden ein kurzer Satz und schließlich ein kleiner Text.

An dieser Stelle noch ein paar generelle Hinweise zum Abschreiben: Etablieren Sie bei den Kindern eine feste Reihenfolge in mehreren Schritten, z.B.:

Schritt 1: Sieh dir das Wort Buchstabe für Buchstabe ganz genau an und sprich dabei leise mit.

Schritt 2: Verdecke die Vorlage und schreibe das Wort mit dem Finger auf den Tisch. Wenn du nicht sicher bist, gehe zurück zum ersten Schritt.

Schritt 3: Schreibe das Wort ins Heft und sprich dabei wieder leise mit. Die Selbstkontrolle wird erleichtert, wenn die Kinder die Wörter – genauso wie auf der Karteikarte – untereinander schreiben, d.h. in jeder Zeile steht nur ein Wort. Dann kann das Kind, wenn es alle Wörter abgeschrieben hat, die Karteikarte zur Kontrolle danebenlegen (Dann ist es auch von Vorteil, wenn der Zeilenabstand in Heft und Kartei gleich ist). Richtige Wörter werden abgehakt, mit einem Sternchen versehen o.Ä. Wörter mit Fehlern werden ordentlich mit Lineal durchgestrichen und noch einmal richtig danebengeschrieben. Solange die Kinder mit Bleistift schreiben, kann natürlich auch radiert werden. Entscheiden Sie selbst, was Ihnen eher liegt. Sie werden sehen, die „Platzverschwendung" lohnt sich!

 **80** **Linien und Kästchen**

 Ziel

Die Kinder lernen die Schreiblineatur und die Rechenkästchen kennen und üben das richtige Eintragen von Buchstaben und Ziffern.

80 a. <u>Einführung der Vierer-Lineatur</u>

✂ Material/Vorbereitung

Sie benötigen eine Schultafel mit Lineatur, alternativ eine entsprechende OH-Folie und einen Projektor.
Falls Sie die Lineatur mit einem „Häuschen" strukturieren wollen, sollten Sie diese auf der ersten Heftseite aller Schüler vorzeichnen oder am besten gleich Hefte verwenden, die entsprechend gedruckt sind.

⚙ So geht's

Zeichnen Sie das Häuschen mit Dach, Wohnzimmer und Keller auf Tafel oder OH-Folie vor. Fragen Sie die Kinder, wo sie sich zu Hause am meisten aufhalten: Wahrscheinlich sehr oft im Wohnzimmer, aber nur selten auf dem Dach oder im Keller. Und genauso ist es mit den Buchstaben. Alle Klein- und Großbuchstaben haben einen Teil im Wohnzimmer, manche haben zusätzlich noch einen Teil auf dem Dach und/oder im Keller. Nun können sich die Kinder – erst einmal, ohne zu schreiben – an die Lineatur gewöhnen.
Erteilen Sie dazu zum Beispiel folgende Arbeitsaufträge:
„Male eine Reihe Dächer (bzw. Wohnzimmer bzw. Keller)!"
„Male ein Muster nur in der Dächerlinie!"
„Male eine Muster im Wohnzimmer und im Dach!" usw.

Ähnliche Übungen können auch gut als Hausaufgabe weitergeführt werden. Erst in einem nächsten Schritt schreiben die Kinder Buchstaben, später Wörter in die Linien. Auch das sollten Sie selbst an der Tafel Schritt für Schritt vorführen und die Kinder nachahmen lassen.

↻ Tipps

Nicht alle Lineaturgrößen sind für alle Kinder gleichermaßen geeignet. Lassen Sie einfach die Kinder auf ein unliniertes Blatt etwas aufschreiben und entscheiden Sie anhand der Größe dieser Spontanschrift, wie groß die Lineatur im Heft sein soll.
Für Kinder, deren Buchstaben noch sehr groß und ungelenk sind, kann es hilfreich sei, wenn sie noch etwas länger nur auf einer einfachen Linie schreiben dürfen. Wenn sie etwas mehr Schreibübung haben, fällt es ihnen leichter, ihre Buchstaben an die übliche Viererlineatur anzupassen.

Hefte mit „Häuschenlineatur" gibt es z.B. von Landré. Hefte, in denen jeder der drei Zwischenräume andersfarbig unterlegt ist, gibt es z.B. von Troxler-Haus, Sozialtherapeutische Werkstätten GmbH.

80 b. <u>Einführung der Rechenkästchen</u>

 Material/Vorbereitung

Sie benötigen eine Schultafel mit Rechenkästchen, alternativ eine entsprechende OH-Folie und einen Projektor.

So geht's

Lassen Sie die Kinder auch bei den Rechenkästchen erste Erfahrungen mit Mustern machen.
Anschließend sollten Sie an der Tafel ganz genau demonstrieren, wie die Kästchen mit Zahlen und später mit ganzen Rechenaufgaben gefüllt werden.
Sollen nur einzelne Ziffern geübt werden, legen Sie Wert darauf, dass zwischen ihnen jeweils ein Kästchen frei gelassen wird, da ansonsten aus einer Reihe Einser schnell eine Zahl in Millionenhöhe wird.
Beim Schreiben von Rechenaufgaben sollten Sie anfangs die Kästchen mit den Kindern genau abzählen, damit die Kinder wissen, wo sie anfangen sollen und welche Kästchen frei bleiben müssen. Nur so können Sie einen übersichtlichen Hefteintrag erreichen, bei dem z.B. in einem Aufgaben-päckchen alle Plus- und Gleich-Zeichen untereinanderstehen.

Tipps

Selbstverständlich wird es einige Zeit dauern, bis die Kinder in der Lage sind, die Buchstaben und Zahlen ordentlich innerhalb der Lineatur bzw. der Kästchen zu schreiben, sodass die Hefte anfangs noch etwas „wild" aussehen können.

Daher sollten Sie umso mehr Wert auf die allgemeine Heftführung legen. Besprechen Sie mit den Kindern ganz genau einige formale Aspekte, zum Beispiel:
„Das Datum steht immer am rechten Rand."

„Wir lassen eine Reihe frei, wenn wir eine neue Schreibaufgabe beginnen."
„Wenn ein Wort nicht mehr ganz in die Reihe passt, radiere ich es aus und
schreibe es in die nächste Reihe." usw.

Das alles hängt selbstverständlich davon ab, auf welche Art von Ordnung
Sie selbst Wert legen.

81 Sekretäre und Sekretärinnen

 Ziel

Kinder, die noch nicht so gut selbst schreiben können, diktieren ihre Texte
einem anderen Kind. So wird ihre Motivation, eigene Geschichten zu
erfinden, nicht durch noch fehlende Schreibfähigkeiten gestört. Gute
Schreiber erfahren, dass ihre Fähigkeit auch anderen nützlich sein kann.

 Material/Vorbereitung

Basteln Sie ein Schild mit der Aufschrift „Sekretäre und Sekretärinnen", auf
dem noch Platz ist, die Namen der entsprechenden Kinder zu notieren.

So geht's

Besprechen Sie mit den Kindern die Aufgabe, die eine Sekretärin übernehmen kann. Wie wäre es mit einem Interview der Schulsekretärin *(>> siehe
auch Idee 30).* Ein Teil ihrer Arbeit besteht doch auch darin, für andere,
z.B. die Schulleitung, etwas zu schreiben. Wer möchte gerne in der Klasse
Sekretär für andere Kinder sein? Schreiben Sie alle Freiwilligen auf die Liste
und hängen Sie diese gut sichtbar auf. Wenn Sie ein „Schreibcenter" ein-
gerichtet haben *(>> Idee 68)* wäre dort doch ein guter Platz.

Immer wenn ein Kind nun einen Text oder eine Geschichte schreiben
möchte, selbst aber noch nicht so weit ist, dies allein zu tun, kann es
einen Sekretär von der Liste um Hilfe bitten. Der Sekretär lässt sich dann
den Text diktieren und schreibt ihn für das Kind auf.

Tipps

Diese Idee kann auch später auf den Bereich Rechtschreibung ausgeweitet werden. Stellen Sie dann einfach eine Liste mit Rechtschreibexperten zusammen.

 82 Zahlensport

 **Ziel**

Durch verschiedene Bewegungsaufgaben festigen die Kinder die Beziehung zwischen Ziffer, Zahlwort und dargestellter Menge.

✂ Material/Vorbereitung

Sie benötigen zwei Kartensätze von Null bis Zehn, einmal als Zahlwort und einmal in Ziffernschreibweise.
Je nach ausgewählter Aktivität brauchen Sie außerdem einige Sportgeräte wie Seile, Bälle und Gymnastikreifen.

🌀 So geht's

Nennen Sie eine Zahl oder zeigen Sie ein Ziffern- oder Wortkärtchen und die Kinder müssen eine vorgegebene Tätigkeit entsprechend häufig ausführen.
Diese Übungen können Sie im Sportunterricht bzw. als Bewegungspause auf dem Schulhof durchführen:
Seil springen, den Ball gegen eine Wand werfen, einem Partner den Ball zurollen, eine Rolle vorwärts oder rückwärts machen, durch stehende Gymnastikreifen krabbeln, von einer Seite der Turnhalle zur anderen rennen, …
Es geht aber auch im Klassenraum:
auf einem Bein hüpfen, vom Stuhl aufstehen und sich wieder hinsetzen, um den eigenen Tisch gehen, unter dem Tisch herkrabbeln, zur Tafel schleichen, sich um die eigene Achse drehen, klatschen, mit den Füßen stampfen, Mitschülern die Hand schütteln, …

☍ Tipps

Lassen Sie auch die Kinder einmal die Anweisungen geben. Es macht ihnen riesigen Spaß!

Bei den Bewegungsanweisungen erfahren die Kinder sehr gut den Wert der Null, da das bei diesem Spiel bedeutet, dass sie sich nicht bewegen dürfen.

 **Bitte abzählen**

⁂ Ziel

Es werden immer wieder Gelegenheiten zum Zählen in den Schulalltag integriert.

83a. Countdown

⁂ Ziel

Die Kinder zählen von zehn (bzw. 20) an rückwärts bis null.

✁ Material/Vorbereitung

———

⚙ So geht's

Da die Fähigkeit, rückwärtszuzählen, eng verbunden ist mit der Fähigkeit zur Umkehrung von Rechenoperationen (Addition – Subtraktion), sollte man sie so oft wie möglich trainieren.

Sie können den „Countdown" nutzen, wenn sie z.B. bei Schulschluss den Raum verlassen wollen. Sie können aber auch den Anfang verschiedener Aktivitäten (z.B. Morgenkreis) damit anzählen und hervorheben.

Sie selbst (oder später eines der Kinder) gibt vor, bei welcher Zahl es losgeht. Dann wird einfach gemeinsam rückwärtsgezählt. Nach und nach werden immer mehr Kinder mitmachen können.

☺ Tipps

Einige Kinder machen mit Vorliebe einen Wettbewerb aus dem Zählen und versuchen, schneller als andere bei Null anzukommen. Um das zu verhindern, geben Sie einfach ein gemeinsames Tempo vor. Wenn Sie ein paar Mal gemeinsam klatschen, bevor es losgeht, können sich die Kinder leicht an dieses Tempo halten.

Den Countdown kann man auch bewusst flüstern, wenn ihre Schüler dazu neigen, immer mehr zu schreien, je näher sie der Null kommen.

83 b. Abzählen im Morgenkreis

☀ Ziel

Das Zählen in unterschiedlichen Varianten wird gemeinsam geübt: vorwärts und rückwärts, von verschiedenen Startzahlen an, in Zweier- oder Dreierschritten.

✂ Material/Vorbereitung

—

⚙ So geht's

Wenn Sie sich zu Beginn des Unterrichts mit Ihrer Klasse im Morgenkreis versammeln, lässt sich leicht feststellen, wie viele Kinder fehlen, wenn Sie gemeinsam durchzählen. Ein Kind beginnt und der Nachbar zählt jeweils weiter, bis alle einmal an der Reihe waren. Das ganze funktioniert natürlich auch rückwärts.

Sie können auch in Schritten zählen, beispielsweise in Dreier-Schritten: Jedes 3. Kind steht auf, wenn es seine Zahl nennt. Hierbei handelt es sich übrigens um eine gute Vorübung zur Multiplikation.

☺ Tipps

Lassen Sie auch einmal von einer beliebigen Zahl an vorwärts- bzw. rückwärtszählen. Kinder, die hierbei Probleme haben, sollten Sie genauer im

Auge behalten: Es könnte sich um ein Anzeichen für spätere Rechen-
probleme handeln.

83 c. <u>Der geheimnisvolle Beutel I</u>

 Ziel

Mengen werden mit dem Tastsinn erfahren bzw. eine Anzahl von
Gegenständen wird „blind" abgezählt.

✂ Material/Vorbereitung

Natürlich könnten Sie eine beliebige Tasche zum „Geheimnisvollen Beutel"
ernennen. Richtig ansprechend und auch schöner zu handhaben ist diese
Möglichkeit:
Besorgen Sie einen handelsüblichen Einkaufsbeutel aus Stoff ohne Aufdruck.
Am besten eignet sich einer mit langen Trageschlaufen (die eigentlich dazu
gedacht sind, dass man ihn über die Schulter hängen kann).
Dann können die Kinder sich den „Geheimnisvollen Beutel" nämlich um
den Hals hängen, sodass sie ihn vor ihrem Bauch tragen. Die obere Öffnung
des Beutels binden oder nähen Sie zu. Stattdessen bekommt er seitlich zwei
Eingriffe, die Sie einfach durch Öffnen der Seitennähte schaffen können.
Die Öffnungen sollten nur so lang sein, dass eine Hand bequem hindurch-
passt. Sie sollten sich etwa in der Mitte der Seitennähte befinden. Sind sie
zu tief, können die Gegenstände leicht herausfallen. Außerdem sollten Sie
die Naht jeweils am oberen und unteren Ende des Schlitzes mit mehreren
Stichen verstärken, damit diese nicht einreißt.
Nun brauchen Sie noch Füllmaterial, und zwar jeweils mehrere gleiche
kleine Gegenstände in unterschiedlicher Menge: Murmeln, Muscheln,
Filmdosen, Muttern, Rechenplättchen, Büroklammern, Münzen, getrocknete
Bohnen, Magnete, Kastanien, Eicheln, Steine, Nudeln, ...

⚙ So geht's

Füllen Sie den „Geheimnisvollen Beutel" mit einer bestimmten Anzahl gleicher Gegenstände. Die Kinder können sich den Beutel um den Hals hängen

und mit beiden Händen hineingreifen. Wer findet heraus, welche und wie viele Gegenstände darin sind?

 Tipps

Der Beutel kann auch zum Ertasten anderer Dinge gut genutzt werden (>> *siehe Idee 18 und 102*).

84 Einspluseins-Heftchen

Kopiervorlage 84

 Ziel

Die Kinder suchen zu jeder Ergebniszahl von eins bis zehn (bzw. 20) möglichst viele bzw. alle möglichen Additionsaufgaben.

 Material/Vorbereitung

Pro Heftchen (DIN-A6-Format) werden ein Deckblatt und zehn (oder mehr) Seiten mit Aufgabenvorlagen am linken Rand zusammengeheftet. Erstellen Sie die Vorlage wie in der Abbildung selbst, oder verwenden Sie unsere Vorlage (84).

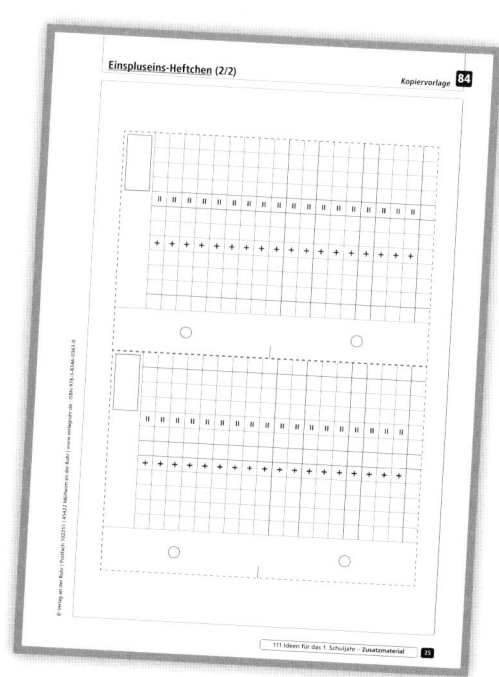

So geht's

Jedes Kind bekommt ein eigenes Heftchen. Im Kästchen am oberen Rand werden fortlaufend die Zahlen von eins bis zehn (bzw. 20) eingetragen. Die Kinder sollen zu jeder Ergebniszahl so viele Aufgaben wie möglich finden und notieren. Bei der Einführung des Plus-Heftchens sollten Sie eine Seite mit den Kindern gemeinsam erarbeiten. Lassen Sie die Kinder zunächst einmal selbstständig ausprobieren, einige Aufgaben zu finden. Sammeln Sie dann gemeinsam die gefundenen Aufgaben. Dabei können prima die Tauschaufgaben thematisiert werden. Außerdem sollte auch die Möglichkeit des systematischen Vorgehens besprochen werden (z.B. 1 + 9 = 10; 2 + 8 = 10; 3 + 7 = 10 usw.), indem der erste Summand immer um 1 erhöht und der zweite Summand immer um 1 verringert wird. Eine weitere interessante Frage ist folgende: Kann ich vorher wissen, wie viele Aufgaben es zu einer Zahl gibt?

Wenn die Null als Summand „erlaubt" ist und die Tauschaufgaben berücksichtigt werden, dann sind es immer $x + 1$ unterschiedliche Aufgaben zur Ergebniszahl x.

⟲ Tipps

Die Kinder sollten ihr Vorgehen selbst bestimmen können: systematisch vorgehen, ausprobieren oder auch mit Rechenmaterial (z.B. Rechenketten, Montessori-Perlenstäbchen) legen. Eine weitere Möglichkeit der Differenzierung liegt im Umfang der Heftchen: Kinder, die langsamer arbeiten, erhalten z.B. ein Heftchen nur mit den Zahlen bis zehn und die schnelleren Rechner die erweiterte Version bis 20. Zusätzlich sind Blankoseiten denkbar, auf denen die Kinder zu ihren Lieblingszahlen Aufgaben suchen und notieren dürfen.

Vergleichbare Heftchen lassen sich ferner zur Subtraktion und später zur Multiplikation und Division erstellen.

85 Das Kleiner-Krokodil Klaus und die Größer-Gans Greta

Kopiervorlage 85

 **Ziel**

Die Kinder vergleichen Zahlen mithilfe der Größer- und Kleiner-Relation miteinander. Durch Figuren wird die Bedeutung der Zeichen veranschaulicht.

✂ Material/Vorbereitung

Basteln Sie Krokodil und Gans wie in der Illustration oder von unserer Vorlage (85) aus fester Pappe. Sie benötigen außerdem linear angeordnetes Rechenmaterial, wie Perlenstäbchen oder Steckwürfel.

☀ So geht's

Zwei Zahlen (z.B. drei und fünf) sollen miteinander verglichen werden. Anschaulich kann das so geschehen: Stecken Sie die entsprechende Anzahl an Würfeln zusammen.

Das Kleiner-Krokodil Klaus will nun die Würfel-Stangen fressen. Es hat aber eine Eigenart: Zuerst schiebt es sich alles so weit, wie es geht, in sein weit aufgerissenes Maul und schluckt es dann erst hinunter. Halten Sie also beide Stangen senkrecht in das Maul des Krokodils, sodass sie sich möglichst weit im Rachen des Krokodils befinden: Die Kinder können leicht sehen, dass die Dreier-Stange weiter ins Maul passt als die Fünfer-Stange. Sprechen Sie dazu: „Drei ist kleiner als Fünf."

Lassen Sie nun die Kinder weitere Vergleiche durchführen.

In einem nächsten Schritt lassen Sie den Klaus weg und malen nur das Maul an die Tafel: Es ist das übliche Kleiner-Zeichen „<". Auch damit können die Kinder wieder Würfelstangen vergleichen.

Als Nächstes führen Sie die Schreibweise ein, indem Sie nach dem Vergleich der Stangen die beiden Zahlen links und rechts neben das „Maul" schreiben.

Analog können Sie mit der Größer-Gans Greta arbeiten.

☺ Tipps

Wenn die Kinder solche Aufgaben allein bearbeiten, können Sie ihnen zur Unterstützung die Steckwürfel und zwei Kärtchen mit Maul und Schnabel geben, sodass sie die Zahlen weiterhin auch handelnd miteinander vergleichen können.

 **Kopfrechnen**

 Ziel

Es wird eine tägliche kurze Kopfrechenübung mit jeweils zehn Aufgaben durchgeführt, bei der die Kinder ihre Rechenergebnisse auf einem vorbereiteten Bogen eintragen. Da auf jedem Bogen Platz für die Eintragungen von zehn Tagen ist, können die Tagesergebnisse eines Kindes miteinander verglichen und die Lernentwicklung beobachtet werden.

 **Material/Vorbereitung**

Kopieren Sie für jedes Kind den Kopfrechenbogen (Vorlage 86) oder erstellen Sie ihn selbst.

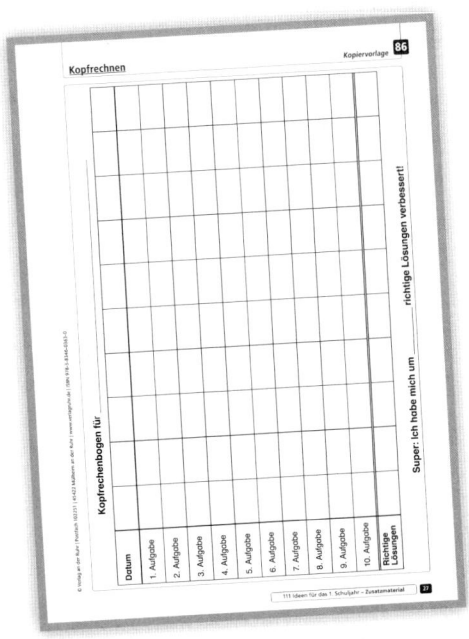

So geht's

Jedes Kind erhält einen Bogen und trägt im entsprechenden Feld seinen Namen ein. Außerdem wird zu Beginn jeder Kopfrechenübung das aktuelle Datum in der oberen Zeile notiert. Und los geht's:
Sie nennen eine Aufgabe, die Kinder rechnen und tragen ihr Ergebnis in das erste Feld ein usw. Nach den zehn täglichen Aufgaben lesen Sie alle Ergebnisse vor. Die Kinder dürfen auf ihrem
Bogen um jede richtige Lösung einen farbigen Kringel malen. Dann zählen sie diese und tragen ihre Anzahl in das untere Feld der Spalte ein.
Auf diese Weise wird Tag für Tag gerechnet und am Ende der Woche bzw. von zwei Wochen (dann ist das Blatt) voll, können die Kinder ablesen, ob sie sich gesteigert haben.

Tipps

Damit der Vergleich aussagekräftig ist, dürfen Sie - solange die Kinder an demselben Bogen arbeiten – nur Aufgaben mit vergleichbarem Schwierig-

keitsgrad und vom gleichen Aufgabentyp stellen. Für den nächsten Zettel
können Sie sich dann andere Aufgaben vornehmen.

Lassen Sie ruhig täglich einige Kinder ihre Anzahl der richtig gelösten
Aufgaben und eine eventuelle Verbesserung nennen – am besten auf
freiwilliger Basis. Besonders wenn das gesamte Blatt bearbeitet ist, sollten
die Lernfortschritte gewürdigt werden. Dabei sollte nicht die absolute Zahl
der richtigen Lösungen im Vordergrund stehen. Das fördert nur ein unnötiges Konkurrenzdenken der Kinder untereinander. Fragen Sie lieber, wie sehr
sich die Anzahl der richtigen Ergebnisse gesteigert hat. Es ist eine vergleichs-
weise bessere Leistung, wenn ein Kind am Anfang nur zwei Aufgaben und
am Ende sechs Aufgaben schafft, als wenn ein Kind sich von neun auf zehn
richtige Aufgaben steigert.

Und was mache ich in einer jahrgangsgemischten Klasse?
Sie können trotzdem mit allen Kindern zusammen kopfrechnen. Stellen Sie
die unterschiedlichen Aufgaben der einzelnen Jahrgänge einfach nacheinander, d.h. zuerst eine Aufgabe für den 1. Jahrgang, dann eine Aufgabe für
den 2. Jahrgang, anschließend eine für die dritte Klasse. Dann sind wieder
die Erstklässler an der Reihe und so weiter. Das funktioniert tatsächlich!
Mit einzelnen Kindern können Sie auch vorher vereinbaren, dass sie die
Aufgaben eines anderen Jahrgangs mitrechnen, wenn diese eher dem
jeweiligen Leistungsstand entsprechen.

87 Ordnen und Sortieren

 **Ziel**

Die Kinder ordnen verschiedene Gegenstände oder Abbildungen nach
vorgegebenen Kriterien.

 **Material/Vorbereitung**

Sammeln Sie verschiedene Gegenstände oder Abbildungen (Beispiele
finden Sie bei den Tipps) in einem Korb oder einer Kiste. Außerdem
brauchen Sie zwei bis drei Gymnastikreifen oder Schnüre (ca. 2 m lang).

☼ So geht's

Am besten beginnen Sie mit dem Ordnen nach zwei Kriterien. Legen Sie die Gegenstände in die Mitte des Sitzkreises sowie auch die beiden Reifen (alternativ legen Sie die Schnüre zu zwei Kreisen).

Beispiel: Die Kinder sollen verschiedene geometrische Körper nach ihren Eigenschaften „er kann rollen" und „ er kann kippen" ordnen. Beginnen Sie selbst und führen Sie vor, wie Sie diese Eigenschaften an zwei bis drei Körpern testen: Bewegen Sie sie auf dem Boden, sodass deutlich wird, ob der jeweilige Körper rollt oder kippt. Lassen Sie einige Kinder nach und nach einen weiteren Gegenstand aussuchen, ausprobieren und zuordnen.

Wenn den Kindern das Verfahren vertraut ist, sollten Sie auch Körper verwenden, die beide Eigenschaften besitzen (z.B. einen Kegel). Lassen Sie zunächst die Kinder überlegen, wie das Problem der Zuordnung gelöst werden kann. Die Kinder schlagen vor, einfach zwei Kegel zu nehmen und in jeden Kreis einen zu legen? Würdigen Sie die gute und richtige Lösungsmöglichkeit. Beharren Sie aber darauf, dass es ja nur einen Kegel gibt. Die Lösung wäre dann, die Kreise sich überschneiden zu lassen, sodass der Kegel in die sogenannte Schnittmenge eingeordnet werden kann.

↺ Tipps

Wenn den Kindern das Verfahren geläufig ist, können sie auch Dinge nach drei oder mehr Kriterien ordnen.

Eine weitere Variante wäre, dass Sie selbst einige Dinge einordnen und die Kinder nachträglich vermuten lassen, wie ihre Kriterien lauten. Toll wäre es auch, wenn die Kinder in den folgenden Tagen selbst weitere Gegenstände sammeln, die sich einordnen lassen.

Was lässt sich noch alles ordnen?

- ≋ Zahlen-Kärtchen nach dem Kriterium „gerade" und „ungerade";
- ≋ Namenkärtchen der Kinder nach „hat einen Bruder" und „hat eine Schwester";
- ≋ Orffinstrumente nach „Punktklang" und „Schwebeklang" (punktuell beschränkter Ton versus nachklingende Instrumente);
- ≋ Wortkärtchen (Großbuchstaben) nach Namen- und Tuwörtern;
- ≋ in der zweiten Klasse: Zahlen nach ihrer Zugehörigkeit zur Vierer- und Achter-Reihe des kleinen Einmaleins.

 **Dreieck, Kreis, Quadrat**

 Ziel

Die Kinder lernen die Eigenschaften verschiedener geometrischer Flächen bzw. Körper kennen und erkennen diese an Gegenständen aus ihrer Umgebung wieder.

Material/Vorbereitung

Bereiten Sie für jede geometrische Figur eine separate Kiste vor, deren Deckel entsprechend beschriftet ist bzw. ein passendes Bild zeigt. Sammeln Sie jeweils einige Gegenstände und Abbildungen dazu.

So geht's

Wählen Sie anfangs nur einige Grundformen aus. Sobald die Kinder deren Namen und Eigenschaften sicher kennen, können Sie weitere dazunehmen. Beginnen Sie zum Beispiel mit dem Kreis, dem Dreieck und dem Viereck. Besprechen Sie mit den Kindern anhand von „Prototypen" die Eigenschaften dieser 3 Formen: Was ist jeweils das Besondere an ihnen? Bieten Sie nun mehrere Gegenstände bzw. Abbildungen an, die die Kinder diesen drei Grundformen zuordnen sollen. Sie werden in die vorbereiteten Kisten gelegt.

Als Hausaufgabe können die Kinder zu Hause nachsehen, ob sie weitere Dinge entdecken, bei denen sich diese Grundformen finden lassen.
Die Ideen der Kinder können auch auf Wortkärtchen geschrieben werden, falls es um Gegenstände geht, die man nicht mitbringen oder in die Kisten legen kann.

Tipps

Wie wäre es, wenn Sie alle gefundenen Dinge in einer Ausstellung zusammentragen, die über mehrere Wochen hinweg immer wieder ergänzt werden kann.
Zur weiteren Vertiefung des Themas können die Kinder die Formen auch in der Turnhalle auf dem Hallenboden ablaufen, mit Seilen nachlegen, mit Gummibändern auf dem Geobrett spannen ... Auch das wohl allseits

bekannte Spiel „Ich sehe was, was du nicht siehst" kann angepasst werden: „Ich sehe was, was du nicht siehst und das hat die Form eines Kreises" – Antwort: „Die Klassenuhr!"

In einem weiteren Schritt können Sie die Grundformen noch weiter differenzieren. Unterscheiden Sie bei den Vierecken nach Quadraten, Rauten usw.

89 Kleine Statistiker

 **Ziel**

Die Kinder lernen eine einfache Form kennen, ein Diagramm zu erstellen. Sie sammeln Daten dazu, zeichnen das Diagramm und werten es aus.

 **Material/Vorbereitung**

Papierquadrate (etwa doppelt so viele wie Schüler), Magnete oder Tesafilm zum Befestigen an der Tafel oder Wand

So geht's

Anhand des Beispielthemas „Mein Schulweg" zeigen wir Ihnen, wie Sie vorgehen könnten:

Besprechen Sie mit den Kindern verschiedene Möglichkeiten, zur Schule zu kommen, und notieren Sie diese untereinander an der Tafel: z.B. „zu Fuß", „mit dem Bus", „mit dem Fahrrad".

Jedes Kind darf nun sagen, wie es selbst zur Schule kommt. Dann nimmt es eines der Quadrate und heftet es hinter die entsprechende Rubrik an die Tafel. Selbstverständlich sind Mehrfachnennungen nötig.

Anschließend soll das Ganze ausgewertet werden. Schnell werden die Kinder merken, dass es gar nicht so leicht ist, auf einen Blick zu vergleichen, wo am meisten Kärtchen hängen oder wie viele Kinder mehr zu Fuß als mit dem Rad kommen. Lassen Sie die Kinder Lösungsvorschläge machen.

Ziel ist es, die Kärtchen nun entweder horizontal oder vertikal anzuordnen, sodass eine Art Säulendiagramm entsteht. Dabei müssen die Kinder beachten, dass alle Säulen von derselben Grundlinie anfangen und dass alle Kärtchen einer Rubrik dicht an dicht aufgehängt werden, es darf keine unterschiedlich großen Zwischenräume geben.

Nun geht es an die eigentliche Auswertung:

Wie viele Kinder kommen zu Fuß? usw.
Auf welche Art kommen die meisten Kinder zur Schule? Wie die wenigsten?
Wie viele Kinder kommen mehr zu Fuß als mit dem Auto?
Was kommt gleich oft vor?

 Tipps

Zur Weiterführung können Sie das Diagramm auch ins Rechenheft abmalen lassen, wobei für jedes Kärtchen ein Rechenkästchen gezeichnet wird.
Auf diese Weise lassen sich auch andere (Unterrichts-)Themen aufarbeiten.
Wie wäre es mit einem Interview in anderen Klassen: Dann können sogar die Ergebnisse der verschiedenen Lerngruppen miteinander verglichen werden.
Sie suchen Anregungen für weitere Themen? Dann fragen Sie doch einmal nach Lieblingstieren, Hobbys, erhaltenden Weihnachtsgeschenken oder schauen Sie einmal nach, welche Arten von Müll sich im Klassenmülleimer befinden (>> *siehe auch Idee 98*).
Achtung: Gegebenenfalls müssen Sie mit den Kindern Oberbegriffe für einige Dinge finden. Ansonsten kann es schnell passieren, dass es zu viele Rubriken gibt, von denen jede nur ein- oder zweimal genannt wird. Dann wäre das Diagramm kaum noch auszuwerten.

90 Anschauliche Rechengeschichten

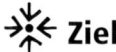 Ziel

Die Kinder zeichnen oder spielen Rechengeschichten bzw. Sachaufgaben.

90a. Rechengeschichten-Bilderbuch

 Ziel

Die Kinder zeichnen zu vorgegebenen oder selbst erfundenen Rechengeschichten ein Bild, das die Rechenoperation verdeutlicht.

✂ Material/Vorbereitung

Falls Sie die Zeichnungen zu einem Buch binden wollen, benötigen Sie weißes Kopierpapier für jedes Kind sowie zwei festere Papierbogen und eine schöne Kordel als Bindung.

⚙ So geht's

Zunächst sollten Sie auf mehrere Tage verteilt einige Vorübungen mit allen Kindern gemeinsam durchführen:
Zeigen Sie ihnen ein Bild (aus einem Mathebuch): Beispielsweise liegen auf einem Tisch vier Äpfel und jemand stellt gerade einen Teller mit vier weiteren dazu. Lassen Sie die Kinder zunächst erzählen, was zu sehen ist. Dabei sollten auch die Zahlen 4, 3 und 7 genannt werden. Anschließend kann die Rechenaufgabe aufgestellt und notiert werden: $4 + 3 = 7$.

Wenn Sie mit den Kindern mehrere solcher Bilder durchgesprochen haben, kann der Spieß einmal umgedreht werden: Wer kann zu einer Erzählung der Lehrerin ein Bild malen? Auch die Kinder sollten sich einmal solche Geschichten ausdenken.

Wenn sie etwas Übung haben, kann die eigentliche Arbeit beginnen: Jedes Kind soll mindestens eine Rechenaufgabe und die dazu passende Geschichte erfinden, aufschreiben und dazu ein passendes Bild malen. Bei dieser Aufgabenstellung ist die Differenzierung schon integriert: Je nach individuellen Fähigkeiten können die Kinder den Zahlenraum und auch den Umfang der Geschichte selbst bestimmen.
Alle Rechengeschichten können am Ende zu einem Buch gebunden werden.

90 b. Rechengeschichten-Pasch

 **Ziel**

Die Kinder ordnen Rechenaufgaben, Bilder und Rechengeschichten einander zu.

Material/Vorbereitung

Für jedes Kind benötigen Sie drei weiße Tonkartonstücke in Postkartengröße sowie eine Schachtel, um alle fertigen Karten aufzubewahren.

 **So geht's**

Jedes Kind erfindet eine Rechengeschichte, schreibt die passende Rechenaufgaben auf und malt ein entsprechendes Bild dazu (siehe oben). Allerdings verwendet es für jede der drei Varianten eine gesonderte Karte.
Die Karten aller Kinder ergeben zusammen eine Art Lernspiel. Es geht darum, jeweils einen „Dreier-Pasch", d.h. die drei Karten, die zusammengehören, zu finden. Die Karten können in Einzel-, Gruppen- oder Partnerarbeit gelegt werden.

90 c. Sachaufgaben-Pantomime

 **Ziel**

Die Kinder setzten Rechenaufgaben in kleine Spielszenen um bzw. finden die in einer solchen Szene „versteckte" Rechenaufgabe heraus.

Material/Vorbereitung

—

 **So geht's**

Besprechen Sie mit einigen Kindern, wie sie der Klasse eine Rechenoperation vorspielen sollen: beispielsweise sitzen sieben Kinder an einem Tisch, zwei davon stehen auf und verlassen den Raum. Die übrigen Kinder sollen zunächst beschreiben, was sie sehen, und dann die passende Aufgabe nennen: In diesem Fall ist das 7 – 2 = 5.

Wenn Sie den Schwierigkeitsgrad steigern möchten, nennen Sie den „Schauspielern" nur eine Rechenaufgabe und lassen Sie die Kinder selbst eine Spielszene dazu erfinden.

91 Wiegen, messen und noch mehr

 **Ziel**

Die Kinder machen erste Erfahrungen mit verschiedenen Größen bzw. lernen Anwendungsmöglichkeiten im (Schul-)Alltag kennen.

 **Material/Vorbereitung**

Stellen Sie verschiedenste Messgeräte zu unterschiedlichen Größenbereichen zusammen: Zollstock, Lineal, Metermaß – Messbecher, Küchenwaage, Balkenwaage, Personenwaage – Analoguhr, Digitaluhr, Sanduhr, Kurzzeitmesser, Kalender – Rechengeld …

Für das Projekt „Sonnenblumenwachstumswettbewerb" benötigen Sie Blumenerde, für jedes Kind einen Blumentopf und einige Sonnenblumensamen, eine Messlatte, Gießkannen und ggf. eine Tabelle zum Eintragen der Messergebnisse sowie Urkunden.

So geht's

Integrieren Sie immer wieder Möglichkeiten für den Umgang mit Größen in den Unterricht. Achtung: Damit ist nicht die systematische Einführung im Mathematikunterricht gemeint!

Wie Sie das umsetzen können, zeigt das Beispiel „Sonnenblumenwachstumswettbewerb".

Jedes Kind erhält im Frühling einen Blumentopf mit Erde und 2–3 Sonnenblumensamen. Die Samen bzw. Pflänzchen sollen von ihnen selbst gepflegt werden. Zu bestimmten Zeiten (z.B. einmal in der Woche) werden die Pflanzen gemessen und miteinander verglichen.

Dazu eignen sich gut ein Zollstock oder eine Latte, auf die ein Maßband geklebt wurde. Anfangs können die Kinder die Messwerte noch gut selbst ablesen. Später kann es sein, dass einige Hilfe brauchen, wenn es sich um höhere Zahlen handelt.
Die abgelesenen Werte können in einer Tabelle eingetragen werden: in horizontaler Richtung können die Werte der verschiedenen Kinder miteinander verglichen werten, der individuelle Zuwachs ein- und derselben Pflanze kann gleichzeitig vertikal dargestellt sein.

Oder:
Jedes Kind erhält ein Namensschild; diese werden jede Woche in der Reihenfolge von der kleinsten bis zur größten Pflanze aufgehängt.
Am Ende einer vorher festgelegten Zeit erhält jedes Kind eine kleine Urkunde, auf der die Größe seiner Sonnenblume und der Rangplatz eingetragen sind.

☺ Tipps

Es geht hier nicht um die Vorwegnahme der Inhalte für die höheren Jahrgänge. Den Kindern soll lediglich ein Einblick vermittelt werden, in welchen alltäglichen Situationen etwas gemessen wird und wie man vorgehen kann.

Hier noch einige Vorschläge zum Umgang mit anderen Größen:

≈ Thema „Geld": Einkauf für das Klassenfest, Kaufladenspiele, ein Sparschwein schlachten und das Geld zählen.

≈ Thema „Gewicht": Kochen und backen (dabei Zutaten abwiegen oder Mengen für mehrere Personen ausrechnen), sich selbst wiegen, auf der Balkenwaage zwei Gegenstände miteinander vergleichen (z.B. ein Lesebuch wiegt so viel wie ... Schreibhefte).

≈ Thema „Längen": Weitsprung im Sportunterricht, Messen mit Vergleichslängen (der Schulhof ist so lang wie ... Schritte oder wie ... Springseile), Dinge der Größe nach ordnen (Kind 1 ist größer als Kind 2 oder so groß wie Kind 3).

≈ Thema „Zeit": Wie lang ist eine Minute (Im Sportunterricht laufen die Kinder in der Halle umher. Wer denkt, dass die Minute um ist, setzt sich hin. Welches Kind ist der Minute am nächsten gekommen?), eine Klassenuhr *(>> vgl. Idee 12),* Zeitempfinden (Zuerst eine Minute schweigen, dann eine Minute toben. Was erscheint den Kindern länger?).

Auch zwischendurch können Größen immer wieder einmal eine Rolle spielen, z.B. wenn ein Kind etwas in den Morgenkreis mitgebracht hat: Wie groß bzw. schwer ist das wohl? usw.

Zu allen Größen kann man auch sehr gut ein Plakat mit Beispielen erstellen, beispielsweise zum Thema „Längen":
Die Tabelle besteht aus fünf Spalten (jeweils eine für mm, cm, dm, m, km), darunter ist Platz für Repräsentanten: ein Filzstiftpunkt für den Millimeter, jeweils ein entsprechend langer Strich für den Zentimeter und den Dezimeter, ein Metermaß für den Meter und ein dickes Wollknäuel für den Kilometer (solche gibt es tatsächlich; alternativ nimmt man mehrere kleinere Knäule zusammen). Dazu können dann weitere passende Gegenstände aufgeklebt, gemalt, geschrieben werden. Die Kinder können sich in der Schule oder als Hausaufgabe nach weiteren Dingen umschauen, sodass das Plakat über einen längeren Zeitraum vervollständigt werden kann.

Durch solch ein Plakat erhalten die Kinder einen Überblick über und ein Gefühl für die tatsächliche Größe der Dinge in ihrer Umgebung und die abstrakten Begriffe werden mit Leben gefüllt.

92 Checkliste für Eltern

Kopiervorlage 92

 **Ziel**

Die Eltern werden informiert über die Bedingungen, unter denen die Kinder idealerweise zu Hause arbeiten bzw. lernen sollen.

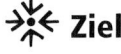 **Material/Vorbereitung**

Stellen Sie eine Liste mit Tipps zusammen, wie das Kind zu Hause am besten lernt, und kopieren Sie sie für jede Familie. Sie können dazu auch unsere Vorlage verwenden (92).

 **So geht's**

Am besten besprechen Sie mit den Eltern am ersten Elternabend, wie sie
ihren Kindern zu Hause einen sinnvollen Arbeitsplatz und förderliche
Bedingungen für die Hausaufgaben zur Verfügung stellen können.
Als Zusammenfassung und Erinnerung für zu Hause erhalten die Eltern
die Checkliste, auf der sie abhaken können, welche Kriterien erfüllt sind.

93 Hausaufgaben in der Schule

 **Ziel**

Die Kinder erledigen in den ersten Schulwochen die Hausaufgaben schon in
der Schule. Dabei lernen sie, auf welche At und Weise die Aufgaben zu erledigen sind. Später sollen sie ihren Eltern dies zu Hause erklären. Die in der
Schule angefertigten Aufgaben dienen den Eltern dabei als Beispiel.

 Material/Vorbereitung

———

 **So geht's**

Lassen Sie in den ersten paar Schulwochen die Kinder täglich in der Schule
schon eine schriftliche „Hausaufgabe" erledigen. Spielen Sie das Ganze von
Anfang bis Ende durch: Notieren Sie zuerst die Hausaufgabe an der Tafel,
besprechen Sie mit den Kindern, was genau zu tun ist und welche Materialien die Kinder dazu benötigen, dann notieren die Kinder die Aufgabenstellung in ihrem Hausaufgabenheft und beginnen selbstständig mit der Arbeit.
Während die Kinder an der Aufgabe arbeiten, können Sie selbst einerseits
die Einträge ins Hausaufgabenheft kontrollieren. Das ist für die erfolgreiche
Erledigung der Hausaufgabe gar nicht so unerheblich, denn nicht selten
scheitert es daran, dass die Kinder etwas falsch notiert oder weggelassen
haben. Andererseits sollten Sie sich auch Zeit nehmen, die Kinder bei der
Bearbeitung zu beobachten, die erledigten Aufgaben durchzusehen und
den Kindern eine Rückmeldung zu geben.

zu Hause haben die Kinder dann die Aufgabe, den Eltern das Hausaufgabenheft zu zeigen, zu erklären, was die Aufzeichnungen (oft ja aus Zeichen oder
Abkürzungen bestehend) bedeuten und ihre erledigte Aufgabe zeigen.

☺ Tipps

Zwischenfragen der Kinder sollten Sie nach Möglichkeit nur so weit beantworten, wie sie auch die Elternmithilfe bei den Hausaufgaben wünschen.
Wenn zu viele Fragen auftauchen, kann das ein Zeichen dafür sein, dass den
Kindern die Arbeitsaufträge nicht klar sind. Sie sollten diese dann noch einmal gründlich überdenken, bevor Sie die Kinder mit den Aufgaben nach
Hause entlassen.
Und woher nehme ich die Zeit für diese „Hausaufgaben"? Das hängt natürlich vom Stundenplan ab, aber es sollte eine Zeit sein, in der die Kinder
noch in Ruhe und konzentriert arbeiten können, d.h. nicht unbedingt in der
letzten Stunde, 10 Minuten vor Schulschluss. Außerdem sollten Sie Zeit für
die Durchsicht der Aufgaben einplanen. Währenddessen können die Kinder
z.B. Freiarbeit machen oder eine andere Aufgabe in einem anderen Heft erledigen. Die Zeit ist auf jeden Fall gut investiert: Wenn Sie die Hausaufgaben
zu Anfang gründlich einführen und vorbreiten, zahlt sich das in jedem Fall
während des restlichen Schuljahres bzw. der Folgejahre aus.

94 Zeichensprache für Hausaufgaben

⋇ Ziel

Die Hausaufgaben können durch Zeichen bzw. Abkürzungen von allen
Kindern von Anfang an selbstständig notiert und auch wieder entziffert
werden, auch wenn Sie noch nicht richtig lesen und schreiben können.

✂ Material/Vorbereitung

Stellen Sie für die Eltern eine Übersicht zusammen mit allen Zeichen, die Sie
zur Notierung der Hausaufgaben verwenden, und deren Übersetzung.

 **So geht's**

Sie erklären langsam und mit möglichst wenigen Worten die Hausaufgabe und malen/schreiben dazu die Zeichen nach und nach an die Tafel, z.B. „Im Lesebuch (ein Buchsymbol zeichnen), die Seite 19 (die Zahl 19 auf eine Seite schreiben) lesen (ein Brille malen)!"

Am besten lassen Sie danach ein oder mehrere Kinder noch einmal wiederholen, was die einzelnen Zeichen bedeuten und was zu tun ist. Danach erst schreiben die Kinder die Aufgabe in ihr Hausaufgabenheft ab.

Tipps

Damit Hausaufgaben nicht vergessen werden, sollten Sie zum Beispiel konsequent jeden Tag mindestens eine (kleine) Aufgabe stellen. Die Kinder wissen dann automatisch, dass immer irgendetwas zu tun ist, und denken daran, im Hausaufgabenheft nachzusehen.

Falls Sie jedoch nicht immer etwas aufgeben möchten, sollten Sie mit den Kindern ein Zeichen vereinbaren, das sie daran erinnert, an welchen Tagen etwas zu tun ist. Zum Beispiel können sie sich dann ein Sternchen auf den Handrücken malen. Dann sieht zu Hause jeder gleich: „Ach, da war doch noch was!"

Ein solches Zeichen sollten Sie auch für den Fall vereinbaren, dass Sie den Kindern eine wichtige Information für die Eltern mitgegeben haben. Dafür ist neben dem Hausaufgabenheft eine Postmappe ideal. Die Postmappe ist ein Schnellhefter in A4-Format: In ihr können die Kinder Briefe und Mitteilungsblätter für die Eltern transportieren. Ebenso können die Eltern diese Mappe nutzen, um Ihnen Nachrichten oder schriftliche Entschuldigungen zukommen zu lassen.

 **95 Hausaufgaben machen Spaß**

 **Ziel**

Die Kinder erhalten sinnreiche, interessante und abwechslungsreiche Hausaufgaben. Dadurch wird ihre Motivation für das häusliche Arbeiten geweckt und auch im Verlauf des Schuljahres aufrechterhalten.

Material/Vorbereitung

Das hängt ganz von der Aufgabe ab, die Sie stellen!

 So geht's

Stellen Sie den Kindern möglichst oft Aufgaben, die von den „Standard-Hausaufgaben" abweichen: Also statt jeden Tag fünf Reihen Buchstaben in Schönschrift schreiben, abwechslungsreiche Aufgabenstellungen, die die Interessen der Kinder und das Lernen mit verschiedenen Sinnen einbeziehen. Sehr motivierend sind auch Arbeitsaufträge, die später wieder Verwendung im Unterricht finden.

Sie können auch Lernspiele oder kleine Übungen, die Sie mit Ihren Schülern im Unterricht durchführen, für die Eltern kopieren: Kopfrechenübungen, ein Anlautspiel o.Ä. Dann kann eine Hausaufgabe auch aus diesem Repertoire stammen.

◎ Tipps

Hier ein paar Ideen für motivierende Hausaufgaben:

Stellen Sie den Kindern Bewegungsaufgaben, die sie am besten draußen an der frischen Luft durchführen sollen:

≈ „Hüpfe die Umrisse der Zahlen von Eins bis Zehn/aller Buchstaben, die du schon kennst."

≈ „Erfinde 10 verschiedene Bewegungen und mache alle 10-mal: zum Beispiel 10-mal auf einem Bein hüpfen, 10 Schritte rückwärtsgehen, 10-mal Seilspringen)."

≈ „Denke dir 8 Tuwörtern aus. Tu diese Dinge dann auch."

Lassen Sie die Kinder sich eine Geschichte aussuchen, die sie so gut üben sollen, dass sie diese der Klasse vorlesen können. Dabei können die Kinder je nach eigener Lesefertigkeit unterschiedlich lange bzw. schwierige Texte auswählen.

Die Kinder können Gegenstände mitbringen, die zu einem bestimmten Unterrichtsthema passen oder entsprechende Informationen sammeln.

Auch die Herstellung von Lernmaterialien kann von den Kindern in „Heimarbeit" geleistet werden:

Jedes Kind erfindet zehn Kopfrechenaufgaben. Natürlich muss es auch die Lösungen notieren. Jeden Tag darf dann ein anderes Kind Lehrerin sein und den Mitschülern seine Aufgaben stellen.

Jeder denkt sich eine Quizfrage zum Allgemeinwissen oder einem persönlichen Steckenpferd aus und schreibt sie mit der passenden Antwort auf ein
Kärtchen. Das Quizspiel kann in der Freiarbeit gespielt werden.

Jedes Kind erfindet zehn Aufgabenkarten für eine Rechenkartei, die später
im Unterricht genutzt wird. Dazu schreibt es auf einen vorbereiteten
Arbeitsbogen die Aufgaben, die Ergebnisse notiert es auf der Rückseite.
Sie selbst müssen nur noch die Art der Aufgaben festlegen, z.B. Plusaufgaben bis 20.

Die Kinder können Knöpfe oder Perlen auf Schnüre fädeln, die dann im
Unterricht als Zähl- und Rechenmaterial dienen. Beispiel: Es sollen immer
2 oder 3 verschiedenartige Perlen verwendet werden, z.B. 3 rote und 2
gelbe und 5 blaue. Dazu kann man die Plusaufgabe $3 + 2 + 5 = 10$ bilden.
Bei unseren Schülern sind auch Ferienheftchen sehr beliebt: Für die Schulferien erhält jeder ein kleines Heftchen, dass verschiedene freiwillige Aufgaben enthält: z.B. ein Ferientagebuch führen, das Wetter beobachten,
Blumen pressen, ein Lied lernen, ein Buch lesen, ...

9

„Ich brauch' Pause"

Bewegung und Entspannung

Zum einen möchten wir Ihnen ans Herz legen, sich und Ihren Kindern besonders in der 1. Klasse eine schöne Zeit zu machen. Die Kinder kommen so freudvoll in die Schule und uns macht es manchmal traurig, zu sehen, wie schnell manche Kinder in eine Starre und Frustration verfallen, weil sie durch ein wenig freudvolles Lernen sehr schnell ernüchtert sind.

Mit Kleinigkeiten haben wir versucht, für eine schöne Atmosphäre zu sorgen, und bestimmte Ideen ritualisiert.

Zum anderen möchten wir Ihnen im folgenden Kapitel Ideen und Anregungen vorschlagen, mit denen Sie dem Thema Konzentration und Entspannung begegnen können. Viele Kinder können sich noch nicht so lange konzentrieren, in der Literatur geht man von zehn bis 20 Minuten aus, in denen das Kind seine Aufmerksamkeit konstruktiv halten kann. Manche Schüler schaffen es jedoch, sich eine volle Stunde völlig in eine Aufgabe zu vertiefen und somit stehen Sie dauerhaft vor dem Problem, die unterschiedlichen Ausgangslagen aufzufangen und allen bestmöglich gerecht zu werden. Kinder nur malen zu lassen, wenn sie sich nicht mehr konzentrieren können, halten wir auf die Dauer für keine sinnvolle Idee. Es gibt so vielfältige Möglichkeiten, kleine Aufgaben anzubieten, mit denen sich die Schüler ruhig und selbstständig beschäftigen können. Spielerisch trainieren sie dabei verschiedene Fertigkeiten, und das ohne es als zusätzliche Lernaufgabe zu empfinden.

Mit einfachen und in der Vorbereitung auch unkomplizierten Ideen können Sie auch in den Hofpausen zu dem Erhalt der Gruppengemeinschaft beitragen, ohne selbst anwesend sein zu müssen. Wir haben festgestellt, dass bei Kindern oft Traurigkeit entsteht, wenn sie die ganzen langen zwanzig Minuten in der Hofpause alleine sind, weil sie vielleicht noch keine Freunde gefunden haben und sich noch nicht mit sich selbst beschäftigen können. Halten Sie besonders für diese Kinder kleine Angebote bereit. Damit können Sie Tränen verhindern und das Entstehen von „Außenseitern" im Keim ersticken.

 **Mahlzeit!**

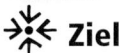 **Ziel**

Viele einfache Rituale eigenen sich sehr gut dazu, eine angenehme
Atmosphäre während des gemeinsamen Frühstücks zu schaffen.

96 a. Tischmanieren

✂ **Material/Vorbereitung**

——

 **So geht's**

Halten Sie Ihren Kindern bei Gelegenheit einmal den Spiegel vor und
schauspielern Sie ein bisschen: Setzen Sie sich verkehrt herum auf den
Stuhl oder legen Sie die Füße auf den Tisch. Ihre Tasche steht direkt neben
der Brotdose, das Brot liegt mit dem Belag zuunterst auf dem Tisch und
der Joghurt hat eine Tropfspur hinterlassen.
Die Kinder werden schnell merken, worauf Sie hinauswollen: Wie sitzen
wir beim Essen am Tisch, sodass es für alle gemütlich und ästhetisch ist?
Lassen Sie die Kinder Vorschläge machen und diese ebenfalls vorspielen.
Leider ist es nicht mehr selbstverständlich, dass Kinder diese Gewohnheiten
von zu Hause mitbringen, da in immer mehr Familien die gemeinsame
Mahlzeit eine seltene Ausnahme geworden ist.

96 b. Literatur-Frühstück

✂ **Material/Vorbereitung**

eine Ganzschrift oder Kurzgeschichten, Hörspielkassetten, Kassettenrekorder

 **So geht's**

Kinder lieben vorgelesene Geschichten und Hörspiele, außerdem leisten
diese einen wichtigen Beitrag zur Sprachförderung. Doch oft fehlt im

Unterrichtsalltag die Zeit dafür. Nutzen Sie doch einfach die Frühstückspause zum Vorlesen und Zuhören! Gleichzeitig können Sie so auch für eine
ruhige und gemütliche Atmosphäre sorgen.

Damit die Kinder sich aber nicht einfach nur berieseln lassen, können Sie
jeweils zu Beginn um eine Zusammenfassung des bisher Gehörten bitten
und zum Abschluss einige Kinder vermuten lassen, wie die Geschichte wohl
weitergeht.

⟳ Tipps

Nutzen Sie die Angebote der öffentlichen Bibliotheken. Die meisten bieten
den kostenlosen Service an, eine Bücherkiste zusammenzustellen und diese
nach drei oder vier Wochen auszutauschen.

96c. <u>Persönliche Trinkbecher</u>

✂ Material/Vorbereitung

Kontakte zu einer Töpferei

⚙ So geht's

Viele Erstklässler identifizieren sich stark mit der Schule. Sie sind noch leicht
zu erfreuen und zu motivieren. Manch einer kommt jedoch auch noch
ängstlich und irritiert zu Ihnen in die Klasse und findet in solchen kleinen
Symbolen seinen Halt. Für uns ist es ein lieb gewordenes Ritual, für jedes
Kind einen eigenen Trinkbecher anfertigen zu lassen. Der Trinkbecher trägt
den Namen des Kindes und sein Lieblingsmotiv. Hierzu fragen Sie am besten zu Schuljahresbeginn die Motivwünsche der Kinder ab, sammeln das
Geld ein und geben die Becher in Auftrag. Zum Frühstück und in den Trink-
pausen benutzen die Kinder ihre eigenen Becher. Das ist ästhetischer und
gemütlicher als aus den mitgebrachten Trinkflaschen zu trinken.

⟳ Tipps

Wenn andere Klassen an dieser Idee teilhaben möchten, können Sie schul-
übergreifend die Eltern fragen, ob jemand vielleicht selbst töpfert oder

Kontakte zu einer Töpferei herstellen kann. So könnten Sie Kosten minimieren.

Die Becher müssen natürlich regelmäßig gereinigt werden! Bewährt hat sich bei uns folgende Regelung: Jedes Kind spült seinen eigenen Becher nach der Benutzung aus, mindestens aber einmal täglich. Zusätzlich gibt es als eines unserer Klassenämter einen Spüldienst, der einmal in der Woche eine gründliche Reinigung durchführt.

96 d. <u>Platzdeckchen</u>

✂ Material/Vorbereitung

Motive, Laminierfolien und Papier im DIN-A3-Format

🜂 So geht's

Beim Frühstück in der Klasse wird gerne und viel gekrümelt, die Butter auch schon mal auf dem Tisch verschmiert und der Joghurt schafft es nur zum Teil vom Becher zum Mund. Basteln Sie doch mit Ihren Kindern eigene Platzdeckchen, eigene Sets. Das Schöne daran ist, dass sie nicht nur als Unterlage dienen, sondern auch die Kinder begleiten, motivieren oder bestärken, je nachdem, welche Motive sie verwenden.

Kinder, die sich in Ihrer Klasse noch fremd fühlen, vielleicht oft Heimweh haben, können eine Collage mit Bildern ihrer Familie zusammenstellen. Wenn Sie bereits das gesunde Frühstück besprochen haben, könnten Sie mit Ihren Kindern hierzu eine Collage herzustellen. Auch hier sind Ihrer Fantasie natürlich keine Grenzen gesetzt. Laminiert halten diese Sets ewig und sind abwaschbar.

↺ Tipps

Erste Schreiberfolge, Rechenmeisterschaften usw. lassen sich auch prima laminieren und als Sets zu verschiedenen Anlässen an die Familie verschenken.

97 Gesundes Frühstück

 Ziel

Die Kinder lernen Möglichkeiten für ein gesundes Frühstück kennen, indem sie selbst dafür einkaufen und es zubereiten.

Material/Vorbereitung

——

So geht's

Beim Blick auf das von den Kindern mitgebrachte Frühstück – falls denn ein solches überhaupt vorhanden ist – fragen wir uns oft genug, wie Eltern glauben, dass ihr Kind mit dieser Ernährung einen ganzen Vormittag überstehen und dabei noch konzentriert arbeiten und lernen soll.
Nehmen Sie sich daher immer einmal wieder Zeit für ein gemeinsam mit den Kindern organisiertes gesundes Frühstück.
Besonders einprägsam wird es für die Kinder, wenn Sie bereits zusammen einen Einkaufzettel erstellen, dann zusammen alle Zutaten – vielleicht sogar im Bioladen – besorgen und am nächsten Tag gemeinsam schnippeln, zubereiten, anrichten und zum Schluss natürlich genießen.

Tipps

Organisatorische Tipps finden Sie auch unter der >> *Idee 46.*
Wie wäre es einmal mit selbst gebackenem Brot, Quark mit auf der Fensterbank gezüchteten Kräutern, selbst hergestelltem Joghurt?

98 So viel Müll!

 **Ziel**

Nach dem Frühstück fällt viel Müll an. Nutzen Sie diese natürlich entstandene Situation und sprechen Sie mit den Kindern über das Thema Müll und Müllsortierung.

98 a. <u>Müllsortierung</u>

 Material/Vorbereitung

laminierte Schilder: „Pappe und Papier", „Grüner Punkt", „Restmüll",
„Gelbe Tonne" – je nachdem, wie in Ihrer Schule getrennt wird, je einen
Mülleimer

So geht's

Markieren Sie vorab die Mülleimer in Ihrer Klasse und bitten Sie die Kinder,
nach dem Frühstück den Müll an ihrem Platz zu behalten. Besprechen Sie
die Namen und Symbole auf den Mülleimern und sortieren Sie dann
gemeinsam den Müll, der beim Frühstück angefallen ist, richtig ein.

Tipps

Wenn die Kinder Schwierigkeiten haben, sich die Sortierung zu merken,
können Sie auch Bilder von den Dingen, die in der Regel in Ihrer Klasse
beim Frühstück anfallen, aus der Zeitung ausschneiden, laminieren und
mit an die Mülleimer kleben.

98 b. <u>Mülldetektive</u>

 Material/Vorbereitung

Schreibbretter, Stifte, Gummihandschuhe

So geht's

Nachdem Sie in Ihrer Klasse den Müll sortiert haben und die Kinder nun
wissen, was in die jeweiligen Kategorien gehört, inspizieren Sie doch
einmal die Tonnen auf dem Hof, starten Sie mit den Kindern das „Projekt:
Mülldetektive".

Lassen Sie die Schüler in Gruppen arbeiten. Je eine Gruppe untersucht eine
Mülltonnenart und notiert, was sie darin vorgefunden haben. Je nach Lernstand der Kinder können Sie die Kinder selbst schreiben, Vorgeschriebenes

ankreuzen oder die Gruppenarbeit von einem Elternteil begleiten und die Arbeitsergebnisse von diesen notieren lassen.

Sollten in den Mülltonnen Dinge liegen, die nicht hineingehören, könnten Sie mit Ihren Kindern weitere Projekte planen: Eine „Aufklärungstour" durch die Klassen, ein „Müllsortierungsinterview" mit Mitschülern, Lehrern, Hausmeister, Putzkräften usw.

 Tipps

Sie können die Mülltonneninspektion auch gut als Einstieg in die Müllsortierung im Klassenraum nutzen.

99 Spielzeugkisten

 Ziel

Wie bereits erläutert, ist die Leistungsfähigkeit der Kinder in der ersten Klasse sehr unterschiedlich. Während die einen 45 Minuten konzentriert durcharbeiten können, brauchen andere Schüler nach ca. 15 Minuten eine Pause. Wenn Sie Angebote für diese Lernpausen zur Verfügung stellen, die verschiedene Kompetenzen spielerisch trainieren, können Sie die Kinder in ihrer „Schaffenspause" unbemerkt und nebenbei fördern.

Es empfiehlt sich, auch eine kleine Auswahl an Spielgeräten für die große Pause in der Klasse zu haben, sollte Ihre Schule nicht über eine Spielzeugausleihe verfügen. Die Kinder brauchen – besonders in der ersten Klasse – noch viel Bewegung und eine Möglichkeit, sich auszutoben.

99a. Schatzkiste für die kleine Pause zwischendurch

 Material/Vorbereitung

eine schöne große Kiste, verschiedene Materialien, Spiele, Spielgeräte, ggf. Sanduhren

☼ So geht's

Stellen Sie den Kindern für ihre Schaffenspausen Materialien zur Verfügung.
Wir haben festgestellt, dass nahezu in allem ein Lern- und Trainingseffekt
für ganz unterschiedliche Fertigkeiten zu finden ist. Erbsen mit Pinzetten zu
sortieren *(>> siehe Idee 102),* trainiert die Motorik, Mikado die Geschicklichkeit, Würfelspiele das Zählen und gegebenenfalls sogar das Addieren,
Schneiden schult die Feinmotorik, Memory die Konzentration – Ihrer
Fantasie sind keine Grenzen gesetzt.

Wenn sich ein Kind in der Freiarbeit oder aber auch nach anstrengenden
Einführungsgesprächen und Arbeitsaufgaben nicht mehr konzentrieren
kann, darf es sich etwas aus der Spielzeugkiste auswählen. Eine Sanduhr
mit einer Zeitspanne von etwa fünf Minuten unterstützt das Kind darin,
dass Spiel nach angemessener Zeit zu beenden und dann weiter an den
Stundenthemen zu arbeiten.

☺ Tipps

Denken Sie bei der Bestückung der Kiste auch an die Regenpausen. Manch
eine Lehrerin wird sich vielleicht dagegen sträuben, dass die Kinder in der
Klasse Springseil springen, oder die Hüften mit einem Hula-Hoop-Reifen
kreisen lassen, weil der Lärm dabei anstrengt und ermüdet. Aber denken
Sie dann daran, wie aufgedreht die Kinder ohne diesen körperlichen
Ausgleich anschließend im Unterricht sitzen.

99 b. Schatzkiste für die Hofpause

✄ Material/Vorbereitung

eine große Kiste, Springseile, Tischtenniskellen, Softball-Tennis, Stelzen,
Hüpfbälle, Bälle aller Art, bunte Tücher usw.

☼ So geht's

Stellen Sie zu Beginn der Hofpause die Kiste bereit. Wir empfehlen, es auf
einen Versuch ankommen zu lassen und den Kindern – natürlich nach vor-
heriger Absprache – so viel Vertrauen entgegenzubringen, dass sie das
ausgeliehene Spielgerät am Ende der Pause wieder zurückbringen. Sollte

das bereits beim ersten Mal nicht klappen, oder wenn Sie von sich aus schon sagen, dass Sie auf solche Experimente lieber verzichten, so möchten wir Ihnen eine Ausleihliste empfehlen, in die die Kinder sich mit ihrem Namen und dem ausgewählten Spielzeug eintragen.

Empfangen Sie dann entweder Ihre Kinder zum Pausenende und haken Sie die zurückgebrachten Dinge ab, oder bitten Sie die Kinder, sich beim Zurücklegen der Sachen selbst aus der Liste auszustreichen.

Wir haben die Erfahrung gemacht, dass es eine gewisse Zeit des Trainings braucht, dann aber gut klappt, wenn wir den Kindern dies zur Selbstverantwortung geben.

100 Pausenspiele-Kartei

 **Ziel**

Nicht alle Schüler wissen sich in der Hofpause zu beschäftigen. Manche haben zu anderen Kindern auch noch keinen Anschluss gefunden und fühlen sich in diesen langen zwanzig Minuten auf dem Hof allein. Mit kleinen leichten „Arbeitsaufträgen" und Spielen können Sie diese Kinder beschäftigen und auffangen.

Bei der Variante „Arbeitsauftragskartei" bietet sich außerdem die Möglichkeit, bestimmte Kinder spielerisch zusätzlich zu fördern. Sie können Aufträge integrieren, die neben der bewussten Wahrnehmung die Zähl-, Schreib- und Rechenfertigkeit schulen.

100a. Komm, beweg dich!

 **Material/Vorbereitung**

Bewegungsideen auf Karteikarten, Karteikartenbox

 **So geht's**

Sie können verschiedene Bewegungsspiele und -möglichkeiten bereits im Sportunterricht üben. Die trainierten Aufgaben sammeln Sie anschließend in einer Kartei. Ihre Kinder können sich dann vor der Pause aus der Box eine Karte aussuchen, die sie dann mit in die Pause nehmen.

Die Ideen hierzu sind vielfältig und Ihrer Kreativität sind keine Grenzen gesetzt. Von uns einige Vorschläge:

Die Kinder können

≋ Achten laufen (vorwärts und rückwärts).

≋ sich während der gesamten Pause nur mit geschlossenen Füßen, also hüpfend fortbewegen.

≋ auf einem Seil, das in verschiedenen Formen auf die Erde gelegt wird, von einem Ende zum anderen balancieren.

≋ „Blindenführer" spielen: ein Kind führt ein anderes, das die Augen geschlossen hat, durch die Pause.

≋ „Ich fange deinen Schatten" spielen: Bei sonnigem Wetter kann der Jäger – statt die Kinder wie üblich abzuschlagen – sie fangen, indem er ihre Schatten mit dem Fuß erwischt.

≋ Buchstaben mit ihrem Körper „nachbauen" *(>> siehe Idee 64 „Buchstabenakrokatik").*

100 b. <u>Suchdienst</u>

✂ Material/Vorbereitung

Karteikasten mit Aufgabenkarten, z.B.

≋ „Suche in der Pause etwas Weiches." (oder etwas Hartes, Rundes, Grünes, Braunes, Spitzes, Stacheliges, Glattes usw.)

≋ „Wie viele Bäume gibt es auf dem Schulhof?" (oder Büsche, Bänke, Mülleimer, Laternen usw.)

≋ „Versuche, ein Kind mit einer blauen Mütze zu finden. Wie heißt es?"

≋ „Finde Mitschüler, die zusammen 20 Jahre alt sind."

≋ „Notiere die Namen von drei Mitschülern."

≋ „Notiere das Hobby von drei Kindern einer anderen Klasse."

≋ „Stelle Rubbelbilder her." (Dazu eignen sich Baumrinden, Steinböden, Bänke, Blätter usw. Die Kinder müssen dazu lediglich ein Blatt Papier auf eine dieser Oberflächen legen und mit der Bleistiftspitze mehrfach darüberstreichen. Nach der Pause können Sie gemeinsam ein kleines Quiz machen, zu welchem Gegenstand die einzelnen Muster gehören.)

Ihrer Fantasie sind wie immer keine Grenzen gesetzt.

So geht's

Lassen Sie einzelne Kinder zu Beginn der Pause eine Auftragskarte aus dem Karteikasten ziehen. Wenn sie noch nicht lesen können, lesen Sie vor, oder bitten Sie die Kinder, sich die Karte auf dem Hof von einem älteren Mitschüler vorlesen zu lassen. In der Frühstückspause können die Kinder ihren Mitschülern die erledigte Aufgabe erläutern und ihre Ergebnisse vortragen.

Tipps

Farbige und laminierte Karten sind haltbar, erfreuen das Auge und können immer wieder verwendet werden. Arbeitsergebnisse können die Kinder mit abwaschbarem Folienstift auf der Karte notieren.
Denken Sie bei der Zusammenstellung auch an die Regenpausen!

101 Hummeln im Hintern?!

Ziel

Vielen Kindern fällt das längere Stillsitzen schwer. In der ersten Klasse gibt es Schüler, die bereits nach zehn Minuten mit lautem Reden und unruhigen Bewegungen auffallen. Um auch diesen Kindern das Gefühl zu geben, ernst genommen und gesehen zu sein, und sich selbst eine Lernatmosphäre zu schaffen, die Sie arbeitsfähig erhält, können Sie kleine leichte Rituale einführen, die Raum geben, diesen Drang nach Bewegung in einem adäquaten Rahmen auszuleben.

101 a. Getränkebar

Material/Vorbereitung

Becher oder Tassen der Kinder, Wasser, einen kleinen Tisch o.Ä.

So geht's

Die Lernforschung hat schon lange ergeben, dass eine ausreichende Wasserversorgung den Lernprozess positiv unterstützt und sogar als Voraussetzung angesehen werden kann. Wir haben uns deshalb für eine kleine „Wasserbar" entschieden. Die Kinder haben dort die Möglichkeit, jederzeit zu trinken – auch im Unterricht. Das Trinken an der Station hat mehrere Gründe: Zum einen können die Becher am Sitzplatz umkippen, zum anderen geht es ja auch darum, den Kindern die Möglichkeit zu geben, sich zu bewegen. Haben Sie keine Sorge um ein Chaos in der Klasse und darum, dass alle Kinder dauernd nach vorne laufen und es zu noch größerer Unruhe kommt. Nach unseren Erfahrungen kann dies höchstens einmal zu Beginn der Fall sein. Dann haben sich die Kinder ausprobiert und nutzen diese Form der Bewegung wirklich angemessen, nämlich als inneren Ausgleich und Förderung ihrer Konzentration.

101 b. <u>Auftragsdienst</u>

✂ Material/Vorbereitung

Auftragskarten, Karteikasten
Die Aufträge könnten heißen:

- ≈ „Putze die Tafel!"
- ≈ „Hole frisches Wasser!"
- ≈ „Wasche den Tafelschwamm aus!"
- ≈ „Mach zehn Kniebeugen hinter deinem Stuhl!"
- ≈ „Gieße die Blumen!"
- ≈ „Strecke im Sitzen die Beine aus; hebe und senke sie langsam zehn-/zwanzigmal!"
- ≈ „Setze die Zehenspitzen im Sitzen auf und hebe und senke die Hacken zehn-/zwanzigmal!"

⚙ So geht's

Geben Sie Kindern solch kleine Aufträge für zwischendurch, wenn Sie merken, dass ihre Konzentration nachlässt und sie unruhig werden. Die Bewegungsvorschläge können Sie entweder mündlich ansagen oder auch hierbei die Kinder eine Karteikarte aus dem Kasten ziehen lassen.

 **Tipp**

Scheuen Sie sich nicht davor, weil Sie denken, dass das die anderen Kinder vom Lernen abhält und kontraproduktiv ist. Wir haben wirklich die Erfahrung gemacht, dass nach kurzer Zeit solche Sonderaktionen als alltäglich angesehen werden und sich integrieren. Unterschätzen Sie außerdem nicht die Sensibilität der Kinder für die Schwächen ihrer Mitschüler. Viele Kinder wissen und merken, dass z.B. Peter sich nicht lange konzentrieren kann und mit dem Stillsitzen Schwierigkeiten hat. Jede Maßnahme von Ihnen zu seiner Unterstützung wird mit ziemlicher großer Sicherheit sehr verständnisvoll aufgenommen.

102 Sinnesmaterial

 **Ziel**

Wenn Kinder unruhig werden, heißt das nicht, dass sie keine Lust mehr haben zu arbeiten oder sie bewusst oder gar boshaft stören. Es zeigt lediglich, dass ihre Konzentration bei der Aufgabe, die sie gerade erledigen, für diesen Moment aufgebraucht ist. Motorikübungen sowie ansprechendes „Sinnesmaterial" (Begriff aus der Montessori-Pädagogik) lenkt die Aufmerksamkeit der Kinder in eine andere Richtung und führt sie wieder zur Ruhe.

102 a. Riechdosen

 **Material/Vorbereitung**

Befüllen Sie leere Filmdosen mit verschiedenen Dingen, die riechen. Decken Sie diese mit einem Wattebausch ab, sodass man beim Öffnen der Dose den Inhalt nicht erkennen kann.

So geht's

Sie können zu den Riechdosen verschiedene Aufgaben formulieren. Schreiben Sie einfach Auftragskarten. So kann das Lernmaterial auf vielfältige

Weise benutzt werden. Zum einen können Sie die Dosen so befüllen, dass die Kinder riechend Paare finden sollen. Oder Sie strukturieren die Inhalte nach Gruppen: süße Gerüche, Gewürze, blumige Gerüche usw. Zur Selbstkontrolle empfiehlt es sich, die Dosen unten mit Klebepunkten zu kennzeichnen. Beim „Erriechen" von Gruppen könnten Sie auf verschiedene Farbgruppen zurückgreifen, beim Finden von Paaren könnten Sie Buchstaben, Farben, Zahlen usw. verwenden.

☺ Tipps

Filmdosen erhalten Sie kostenlos in jedem Fotogeschäft.
Achten Sie bei der Wahl des Inhaltes auch auf die Verderblichkeit der Stoffe.

102 b. <u>Erbsentransport</u>

✂ Material/Vorbereitung

Eine kleine Dosen für getrocknete Erbsen, eine Pinzette, eine Seifenablage mit Noppen und ggf. ein Tablett.

⚙ So geht's

Bei der Arbeit mit diesem Material trainieren die Kinder ihre Feinmotorik. Es geht darum, mithilfe einer Pinzette getrocknete Erbsen aus einem Schälchen zu holen und sie in den Vertiefungen einer Noppen-Seifenablage abzulegen. Das ist für Kinder weit schwieriger, als wir annehmen, da es eine ruhige Hand und etwas Geschicklichkeit braucht. Die Kinder haben viel Spaß daran. Wir stellen oft fest, dass sie verbissen und konzentriert versuchen, ihre Seifenablage voll zu bekommen.

☺ Tipps

Ideal ist es, wenn das Erbsenschälchen links von Kind steht, die Seifenablage aber rechts. Das Kind transportiert dann immer in Schreibrichtung von links nach rechts. Bei Linkshändern sollte es entsprechend umgekehrt sein. Damit anschließend der Fußboden nicht wegen heruntergefallener Erbsen zur Stolperfalle wird, sollten die Kinder am besten auf einem Tablett arbeiten.

Das Material erhalten Sie kostengünstig in den „55-Cent-Läden". Wir bitten auch immer wieder erfolgreich um Elternspenden.

102 c. <u>Der geheimnisvolle Beutel II</u>

✂ Material/Vorbereitung

>> *siehe Idee 83 „Präsentation-Decke"*

✺ So geht's

Der geheimnisvolle Beutel eignet sich auch gut für eine Pause zwischendurch und kann allein, mit einem Partner oder in einer kleinen Gruppe benutzt werden. Die Kinder greifen in den Beutel und beschreiben, was sie fühlen: „Der Gegenstand in meiner Hand ist rund und hat eine raue Oberfläche. Er fühlt sich kalt an." Dann sollen die Kinder vermuten, wie der Gegenstand, den sie gerade erfühlen, heißt. Die Kinder können sich selbst kontrollieren, indem sie den Gegenstand herausnehmen und betrachten.

☍ Tipps

Tauschen Sie die Materialien wöchentlich aus, um den Beutel für die Kinder interessant zu halten.

102 d. <u>Fühl-Memory®</u>

✂ Material/Vorbereitung

Sie benötigen Pappkärtchen, verschiedene Materialien wie Sandpapier, Leder, Tapete, Stoff, Jute, Alufolie, Noppenfolie, Filz, Plastiktüte usw. Bekleben Sie jeweils zwei Kärtchen mit demselben Material.

✺ So geht's

Beim Spiel liegen wie beim gewöhnlichen Memory® alle Karten verdeckt auf dem Tisch. Die Kinder sollen nun Paare finden. Dazu dürfen sie die Kärtchen

allerdings nicht umdrehen, sondern nur leicht anheben und von unten die Struktur abtasten.

⟳ Tipps

Wenn Sie ein solches Memory®-Spiel herstellen wollen, sollten sie darauf achten, dass die aufgeklebten Materialien nicht bis ganz an den Rand der Kärtchen reichen, da man sonst die Unterschiede sehr schnell sehen kann.

 Zur Ruhe kommen

 Ziel

Wenn Sie merken, dass die ganze Klasse Schwierigkeiten hat, sich weiter auf eine Aufgabe zu konzentrieren, oder wenn einfach mal der „Wurm" drin ist, wie an manchen Montagen, an denen die Kinder kaum zur Ruhe zu bewegen sind, können Sie eine gemeinsame Entspannungsübung machen und so neue Kraft tanken.

103 a. <u>Der große Regen</u>

✂ Material/Vorbereitung

——

 So geht's

Um Kinder nach lauten Unterrichtsphasen wieder etwas zu beruhigen, ist dieses Spiel eine tolle Idee. Beginnen Sie gemeinsam mit Ihren Kindern, mit den Fingern leise einen sanften Regen auf den Tisch zu trommeln. Aus dem sanften Klopfen wird mit der Zeit ein heftigeres Fingertrippeln. Der „Regen" steigert sich, indem Sie es mit den Knöcheln „weiterregnen" lassen. Steigern Sie ihn, indem Sie immer mehr verändern. Nach den Knöcheln benutzen Sie die Handflächen, dann die Arme. Schließlich tost ein regelrechtes Gewitter durch die Klasse mit „Blitz" (Händeklatschen) und „Donner" (Fußgetrappel). Dann treten Sie langsam die Reise „rückwärts" an. Beenden Sie die Übung mit den leisen, zarten Fingerwirbeln, bis wieder völlige Ruhe einkehrt.

103 b. <u>Eine Minute voller Stille</u>

 Material/Vorbereitung

Eine Uhr mit Sekundenzeiger

 **So geht's**

Bitten Sie die Kinder, ihren Kopf auf den Tisch zu legen und sich dabei bequem hinzusetzen. Sagen Sie an, dass sie an etwas besonders Schönes denken sollen oder geben Sie eine Idee vor: die bevorstehenden Ferien, der nächste gemeinsame Ausflug. Die Kinder haben dann „eine Minute der Stille", in der sie nur an dieses schöne Erlebnis denken und schweigen. Sechzig Sekunden erscheinen in solchen Momenten sehr lang.
Nun war eine Minute lang absolute Stille und das erzeugt manchmal einen gewissen Respekt oder zumindest hemmt es die Kinder ein wenig, in derselben Lautstärke fortzufahren wie vor der Übung.

104 Lerngymnastik

 **Ziel**

Um das Ziel kinesiologischer Übungen verständlich darstellen zu können, vorab ein kurzer Ausflug in die Grundlagen dieser Wissenschaft:
Mit Übungen aus diesem Bereich können Sie Ihren Kindern helfen, zur inneren Ruhe, Gelassenheit und Ausgeglichenheit zurückzufinden, um in allen Bereichen des schulischen Alltags wieder arbeitsfähig zu werden.

Denn die Kinesiologie ist ein Konzept zur Stärkung der Lebensenergie, in dem energetische Blockaden aufgelöst werden. Die chinesische Medizin arbeitet schon viele Jahrhunderte mit diesem Wissen, denn der Mensch ist hier eine unzertrennliche Einheit; Körper, Geist und Seele gehören so fest zusammen, dass psychische Leiden durch körperliche Handlungen gelöst und körperliche Beschwerden als psychische Fehlhaltungen gesehen werden können. Dahinter steht die Vorstellung, dass im Menschen auf verschiedenen Bahnen die Lebensenergien fließen. Fließen sie frei und ungehindert, ist der Mensch zu Konzentration und innerer Ruhe fähig und kann seine Leistungsfähigkeit voll entfalten. Kinesiologische Übungen ermöglichen es, dass die Energie in unserem Körper wieder ungehindert fließen kann.

Forschungen haben ergeben, dass Bewegung das Tor zum Lernen darstellt. Mit einfachen Übungen und Bewegungsbalancen konnten bemerkenswerte Erfolge bei Schülern mit Lese- und Rechtschreibschwächen erzielt werden. Es zeigte sich: Spiele und Bewegungen, die die Mittellinie des Körpers kreuzen, erhöhen die Konzentration, stärken die Merkfähigkeit, steigern die Kreativität und Aufmerksamkeit, denn sie wirken entspannend und beruhigend auf die Kinder. Sie sind keine pädagogischen Tricks zur Ruhigstellung, sondern sie lösen Energieblockaden auf und befähigen die Kinder zu einer gelassenen und ruhigen Haltung. Weiterhin regen die meisten Übungen das Zusammenspiel des logisch-kritischen und des bildhaft-fantasievollen Denkens an. Dadurch gewinnen die Kinder Konzentration und Kreativität.

104 a. <u>Gehirnknöpfe</u>

✂ Material/Vorbereitung

—

⚙ So geht's

Diese Übung soll die Koordination beider Gehirnhälften unterstützen und den Fluss der Körperenergie erhöhen. Es unterstützt Kinder darin, beim Schreiben die Mittellinie zu überschreiten, die Konsonanten zusammenzuziehen und hilft gegen Verwechselung und Umdrehung von Buchstaben. Bitten Sie Ihre Kinder, aufzustehen und mit dem Daumen und Zeigefinger der rechten Hand die weichen Stellen unterhalb des Schlüsselbeins

(Gehirnknöpfe) zu massieren. Mit der flachen linken Hand sollen sie gleichzeitig den Bauchnabel umkreisen.

Unterstützen können sie die Wirkung, indem die Zunge leicht an den Gaumen gedrückt wird. Eine Minute genügt, um die unterstützende Wirkung zu erzielen.

104 b. <u>Dampf ablassen</u>

 **Material/Vorbereitung**

——

So geht's

Das Massieren dieser Akupressurpunkte hilft dabei, Hyperaktivität zu reduzieren, die Konzentration zu steigern und das gesamte zentrale Nervensystem zu entspannen. Bitten Sie Ihre Kinder, auch hierbei aufzustehen und die Zeige- und Mittelfinger der rechten Hand so weit zu spreizen, dass sie mit dem Zeigefinger die Kuhle über der Oberlippe und mit dem Mittelfinger den mittleren Punkt unter der Unterlippe gleichzeitig massieren können. Mit der flachen linken Hand umkreisen sie auch hierbei sanft den Bauchnabel. Gute 60 Sekunden sind ausreichend.

104 c. <u>Hörst du mich?</u>

 **Material/Vorbereitung**

——

So geht's

Bei dieser Übung werden Energiepunkte berührt, die die Denk- und Merkleistung erhöhen, das Sprechen und Zuhören verbessern und allgemein die Aufmerksamkeit steigern.

So wie alle anderen kinesiologischen Übungen sollte auch diese im Stehen durchgeführt werden. Machen Sie Ihren Schülern diese Massage doch einfach vor, dann ersparen Sie sich lange Reden: Kneten Sie mit Daumen und Zeigefinger beide Ohren, jedoch nur den äußeren Rand. Beginnen Sie oben und arbeiten Sie sich knetend und massierend bis zum Ohrläppchen durch. Wiederholen Sie die Übung mehrfach.

104 d. Luft-Acht

 Material/Vorbereitung

—

So geht's

Mit dieser „Luftakrobatik" können Sie bei Ihren Kindern das stressfreie Schreiben unterstützen, die Koordination verbessern, das Lesen erleichtern und die Unterscheidungsfähigkeit von Buchstaben verbessern.

Lassen Sie dazu Ihre Kinder erst mit dem ausgestreckten Schreibarm, dann mit dem anderen und anschließend mit beiden Armen gemeinsam eine liegende Acht weit ausgeschwungen in die Luft malen. Die Bäuche der Acht sollen sich dabei vor den Augen der Kinder treffen, damit es zu der Integration der beiden Gehirnhälften kommt. Besonders unterstützt wird die Übung, wenn Ihre Schüler die Bewegung ihrer Arme mit den Augen mitverfolgen.

Diese Übung darf gerne fünf Minuten dauern.

„Supercalifragilisticexpialigetisch"

Arbeitsergebnisse präsentieren und würdigen

In der Regel starten die Kinder motiviert und wissensdurstig in die ersten Schulwochen. Sie kommen mit hohen Erwartungen in die Schule, was sie dort alles Neues lernen werden.

Sorgen Sie dafür, dass dies auch im Laufe der Schuljahre anhält, indem Sie den Kindern einerseits die Möglichkeit geben, ihre Arbeitsergebnisse, auf die sie zu Recht stolz sein können, angemessen zu präsentieren: z.B. auf dem Dichterstuhl oder als Fernseh-Ansager.

Geben Sie ihnen aber auch die Gelegenheit, das eigene (Lern-)Verhalten zu reflektieren, eigene und fremde Leistungen einzuschätzen und sich angemessen dazu zu äußern. Hier helfen zum Beispiel die Besprechungskärtchen oder auch eine regelmäßige Reflexion des Schultages, z.B. mit der „Das habe ich heute geschafft"-Meditation.

Wenn Lernerfolge und besondere Leistungen von Lehrerin und Mitschülern gewürdigt werden, wirkt das äußerst motivierend, vor allen Dingen, wenn diese Würdigung auch für die Kinder im wahrsten Sinne des Wortes sichtbar und greifbar wird: mit Hausaufgaben- und Lachgesichter-Pässen, in Form von Lese-, Schreib- oder Rechenmedaillen oder durch selbst gestaltete Fleißkärtchen.

Lob und Würdigung, aber auch Platz für konstruktive Kritik bieten unsere Vorschläge für besondere Zeugnisse, bei denen nicht nur die Lehrerin die Kinder beurteilt, sondern auch die Kinder sich selbst und – einmal umgekehrt – die Kinder ihre Lehrerin.

Wir wünschen uns, dass Sie selbst und auch die Kinder am Ende des Schuljahres einer Meinung sind – nämlich dass ihr Lernzuwachs und ihre Leistungen „supercalifragilisticexpialigetisch" sind.

 # Vorhang auf!

 ## Ziel

Ein Kind, das etwas präsentieren möchte, erlangt die besondere Aufmerksamkeit der Mitschüler und erlebt eine besondere Würdigung seiner Arbeit. Bei Bedarf kann es durch eine Verkleidung in die Rolle einer anderen Person schlüpfen und auf diese Weise eventuelle Hemmungen verringern.

105 a. <u>Der Dichterstuhl</u>

 ### Material/Vorbereitung

Gestalten Sie einen alten Stuhl (ein alter Küchenstuhl aus Holz eignet sich hervorragend) zum Dichterstuhl um. Dazu können Sie ihn z.B. mit Zeitungsausschnitten oder Buchstaben bekleben.

So geht's

Wenn ein Kind etwas Besonderes vorstellen möchte, kann es sich auf den Stuhl setzen und so die besondere Aufmerksamkeit der Mitschüler genießen. Wie wäre es, wenn Sie im Tagesablauf bzw. an einem bestimmten Tag innerhalb der Schulwoche den Dichterstuhl fest einplanen? Sie können ihn z.B. in jedem Morgen- oder Abschlusskreis aufstellen und Sie werden sehen, wie schnell Ihre Schüler von sich aus etwas mitbringen werden, das sie vorstellen möchten. Der Name Dichterstuhl stammt von der Idee, dass die Kinder selbst verfasste Texte vorlesen können. Sie können den Dichterstuhl natürlich auch nach Belieben für andere Präsentationen nutzen.

Tipps

Der Stuhl sollte schon etwas Besonderes bleiben. Lassen Sie ihn von den Schülern also nicht für jede Kleinigkeit verwenden. Nur wer etwas Besonderes vorbereitet hat, sollte ihn nutzen dürfen.
Als Maßstab dafür sollte jedoch immer das individuelle Kind stehen. Was für den Klassenbesten eine Arbeit ist, die mit einem Fingerschnipsen entstanden ist, ist vielleicht für ein anderes Kind eine große Anstrengung gewesen.

105 b. <u>Fernseh-Ansage</u>

 Material/Vorbereitung

Sie benötigen einen „Fernseher". Dazu können Sie ein altes Fernsehgerät ausschlachten (beim Elektrogeschäft, Trödelladen oder der örtlichen Stadtreinigung nachfragen) oder basteln Sie eine Fernseher-Attrappe, z.B. aus einem Karton oder einem Tisch-Kasperle-Theater (lässt sich Platz sparend zusammenklappen). Sammeln Sie einige Verkleidungsutensilien in einer Kiste.

 So geht's

Sie können den Fernseher ähnlich wie den Dichterstuhl nutzen.
Das Kind, das etwas präsentieren möchte, schlüpft dazu in die Rolle eines Fernsehansagers und kann sich bei Bedarf verkleiden.

 Tipp

Sie können mit den Kindern auch eine ganze „Fernseh-Sendung" gestalten, bei der ein Ansager mehrere aufeinanderfolgende Beiträge unterschiedlicher Kinder ankündigt. Wenn Sie das Ganze noch filmen, haben Sie eine tolle Demonstration der Unterrichtsergebnisse für den nächsten Elternabend.

106 Die Arbeit der Woche

Ziel

Am Ende der Schulwoche werden besonders gelungene Schülerarbeiten vorgestellt. Die Schüler suchen selbst eine Arbeit aus und begründen ihre Wahl.

 Material/Vorbereitung

 So geht's

Planen Sie innerhalb der Schulwoche einen festen Zeitpunkt ein, z.B. im Abschlusskreis am Freitag. Legen Sie auch fest, wie viele Kinder jeweils an die Reihe kommen können. Die betreffenden Kinder bringen dann ihre Arbeiten mit in den Kreis, heften sie mit Magneten an die Tafel oder legen sie auf die Präsentationsdecke in die Mitte *(>> siehe Idee 18).* Nacheinander stellen sie ihre Arbeit vor und erklären, was das Besondere an ihr ist bzw. warum sie diese ausgewählt haben.

 Tipps

Zur Einführung der „Arbeit der Woche" ist es hilfreich, wenn Sie selbst zunächst einige Arbeiten auswählen und mit den Kindern gemeinsam erarbeiten, was sie auszeichnet. Nach und nach entwickeln die Kinder ein Gespür dafür, welche Kriterien eine Arbeit qualifizieren können.

Hier einige Beispiele: Ein Kind hat besonders ordentlich geschrieben, eine besonders lange Geschichte verfasst, alle Aufgaben richtig gerechnet, zum ersten Mal mit dem Füller geschrieben, seine Aufgaben ohne Hilfe gelöst ...

Als Hilfestellung für die Schüler können Sie die Kriterien auch auf einem Plakat sammeln und in der Klasse aufhängen.

Es sollten alle Schüler regelmäßig an die Reihe kommen. Führen Sie deshalb am besten eine Liste und sprechen Sie bei Bedarf zurückhaltendere Schüler an. Dann können Sie mit ihnen gemeinsam eine Arbeit auswählen. Es könnte auch hilfreich sein, wenn Sie den betreffenden Kindern bereits am Anfang der Woche sagen, dass Sie etwas vorstellen sollen.

107 Besprechungskärtchen

Ziel

Karteikarten mit Fragen geben den Kindern Hilfestellung, wenn sie eine eigene Arbeit vorstellen oder aber eine fremde Arbeit beurteilen.

Material/Vorbereitung

Bereiten Sie Karteikarten mit Fragen vor (siehe „Tipps").

So geht's

Wenn ein Kind seine Arbeit vorstellt, können Sie ihm anhand der Karten Fragen dazu stellen. So kann sich das Kind ganz gezielt und detailliert äußern. Kindern, die bereits lesen können, werden die Kärtchen direkt ausgehändigt, sodass sie die Fragen selbst vorlesen und dann beantworten. Analog wird verfahren, wenn die Mitschüler zu dieser Arbeit Stellung nehmen. Anfangs sollten Sie die Fragen mit allen Kindern gemeinsam beantworten. Später – besonders in den folgenden Schuljahren – können Sie die Kärtchen an verschiedene Kinder verteilen, bevor eine Arbeit vorgestellt wird. Während der Präsentation achtet dann jedes Kind auf „sein" Kriterium und äußert sich anschließend dazu.

Tipps

Je nachdem ob es sich z.B. um eine selbst verfasste Geschichte oder ein Arbeitsergebnis aus dem Kunstunterricht handelt, werden sich natürlich die Fragen unterscheiden. Hier einige Beispiele als Anregung:

- ≈ „Was gefällt dir am besten an deiner Arbeit?"
- ≈ „Was war das Schwierigste?"
- ≈ „Wie heißt dein Bild?"
- ≈ „Gibt es eine Überschrift?"
- ≈ „Passt das Ende zur Geschichte?"
- ≈ „Ist das ganze Zeichenblatt ausgenutzt worden?"

 **Pässe**

 **Ziel**

Die Kinder tragen zunächst unter Ihrer Anleitung, später zunehmend selbstständiger in den Pass ein, wie sie gearbeitet haben. Sie erhalten einen Überblick und eine Würdigung.

108 a. Hausaufgaben-Pass

✂ Material/Vorbereitung

Gestalten Sie einen Hausaufgaben-Pass wie in der Abbildung oder verwenden Sie unsere Vorlage (108a), und kopieren Sie den Pass für jedes Kind.

⚙ So geht's

Jedes Kind erhält einen Pass und trägt seinen Namen auf der Vorderseite ein. Für jede Hausaufgabe, die es erledigt hat, darf es eines der Häuser bunt anmalen.

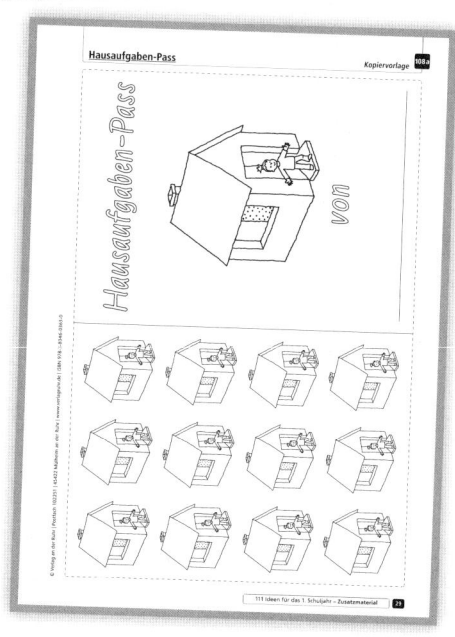

☚ Tipps

Legen Sie vorher die Kriterien fest, die die Hausaufgaben erfüllen müssen, damit man dafür ein Haus anmalen darf. Es liegt also bei Ihnen, ob z.B. alle Rechenaufgaben richtig gelöst sein müssen oder ob es ausreicht, wenn alle Aufgaben bearbeitet worden sind.

108 b. Lachgesichter-Pass

Kopiervorlage 108b

✂ Material/Vorbereitung

Gestalten Sie einen Lachgesichter-Pass wie in der Abbildung oder verwenden Sie unsere Vorlage (108b), und kopieren Sie den Pass für jedes Kind.

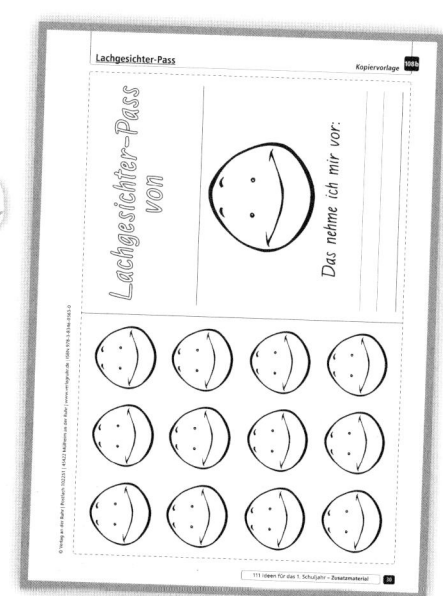

 So geht's

Geben Sie diesen Pass nur an Kinder aus, die ein Problem in einem speziellen Bereich haben (siehe Tipps). Besprechen Sie gemeinsam mit dem Kind, welches seine Aufgabe für die nächste Zeit ist. Tragen Sie diese gemeinsam auf dem Pass ein.

Für jeden Tag, an dem das Kind seinen Spezialauftrag erfüllt hat, darf es eines der Lachgesichter bunt anmalen.

Tipps

Die Aufgaben können aus ganz unterschiedlichen Bereichen stammen, sollten aber immer als Ich-Botschaft formuliert sein. Das unterstützt das Kind darin, dass nur es selbst dafür sorgen kann, dass diese Aufgabe gelingt.

Beispiele:

≈ „Ich habe immer alle meine Schulsachen dabei!"

≈ „Ich arbeite leise und flüstere nur!"

≈ „Ich schaffe meinen Tagesplan!"

Sie können auch Aufträge für zu Hause vereinbaren. Das sollten Sie allerdings vorher mit den Eltern gut besprechen: z.B.

≈ „Ich packe jeden Abend alle Sachen in meine Tasche, die ich am nächsten Tage brauche!"

≈ „Ich übe jeden Tag 5 Minuten Kopfrechnen!"

109 Medaillen und Co. Kopiervorlage 109

Ziel

Die Kinder erhalten eine besondere Auszeichnung für das Erreichen bestimmter Fähigkeiten oder für die Erledigung bestimmter Aufgaben. Diese Würdigung wird auch für die Mitschüler sichtbar gemacht.

109 a. <u>Lese-, Schreib- und Rechenmedaillen</u>

 Material/Vorbereitung

Kopieren Sie die Vorlage (109) auf farbiges Papier und kleben Sie diese auf festen Karton. Lochen Sie den oberen Rand und ziehen Sie eine Kordel oder ein Geschenkband hindurch.

Tagen Sie den Namen des Kindes und die „Disziplin" ein.

So geht's

Wenn ein Kind eine bestimmte Fähigkeit erlangt hat oder eine vorher festgelegte Anzahl von Aufgaben erledigt hat, erhält es dafür eine Medaille. Verleihen Sie die Medaillen in „feierlichem" Rahmen, z.B. im Abschlusskreis am Freitag. Es darf auch ruhig geklatscht werden.

Tipps

Jedes Kind sollte im Laufe des Schuljahres die Gelegenheit haben, eine oder mehrere Medaillen zu erhalten. Berücksichtigen Sie das bei der Auswahl der „Disziplinen". Hier einige Bespiele:

≈ „Wörterleser"-Medaille: Ein Kind kann Einzelwörter erlesen.

≈ „Sätzeleser"-Medaille: Ein Kind kann ganze Sätze sinnentnehmend lesen.

≈ Bücher-Medaille: Ein Kind hat zehn Bücher aus der Klassenbibliothek gelesen.

≈ Druckschrift- oder Schreibschrift-Medaille: Ein Kind kann alle Buchstaben der jeweiligen Schrift in richtiger Schreibrichtung und innerhalb der Lineatur schreiben.

≈ „Einpluseins"-Medaille: Ein Kind kann alle Plusaufgaben (bis 20) ohne Hilfsmittel lösen.

≈ Knobel-Medaille: Ein Kind hat 20 Karten aus der Knobel-Kartei richtig bearbeitet.

109 b. <u>Selbstgestaltete Fleißkärtchen</u>

 **Material/Vorbereitung**

Im Kunstunterricht jeweils mehrere DIN-A6-Kärtchen farbig gestalten lassen.

So geht's

Wenn ein Kind eine besondere Fleißarbeit geleistet hat, darf es sich eine Fleißkarte aussuchen.

Tipps

Legen Sie mit den Kindern fest, was sie tun müssen, um eine Fleißkarte zu bekommen, z.B. eine bestimmte Anzahl Bücher lesen oder Karten aus der Mathe-Kartei bearbeiten oder sein Klassenamt zuverlässig erledigen, ...
Auch hier gilt: Jedes Kind sollte prinzipiell die Möglichkeit haben, Fleißkärtchen zu erlangen. Schaffen Sie gegebenenfalls für einige Schüler Sonderkonditionen, z.B. dass sie nur zehn, statt 20 Karteikarten bearbeiten müssen. Besprechen Sie aber mit der Klasse unbedingt, warum nicht immer für alle Kinder die gleichen Maßstäbe gelten können.

110 Tagesreflexion

 **Ziel**

Am Ende des Schultages überlegen die Kinder, wie dieser verlaufen ist und welche Erfolge sie erzielt haben. Der Tag erhält einen positiven Abschluss.

110 a. <u>„Das habe ich heute geschafft"</u>-Meditation

 **Material/Vorbereitung**

Sie benötigen einen CD-Spieler und ruhige Musik. Schön wäre es, wenn jedes Kind ein kleines Kissen hat, um den Kopf darauf abzulegen.

 So geht's

Am Ende des Schultages, wenn alles aufgeräumt ist, sitzen die Kinder an ihren Plätzen. Sie schließen die Augen. Wer mag, legt den Kopf auf den Tisch. Die Musik läuft leise im Hintergrund. Führen Sie die Kinder mit Ihrer Stimme durch den Schultag und benennen Sie die einzelnen Unterrichtsstunden bzw. Aktionen. Halten Sie bei jeder Station jeweils kurz inne. Jedes Kind soll sich noch einmal vor Augen führen, was es gemacht hat, und für jede Station eine Sache finden, die ihm gut gelungen ist oder die es in besonders guter Erinnerung behält. Am Ende dieser meditativen Reise durch den Tag können einige Kinder ihre persönlichen Highlights der Klasse mitteilen.

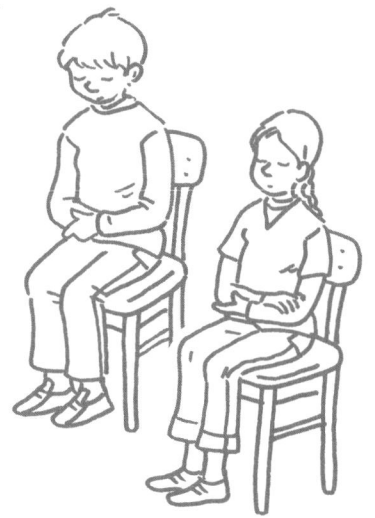

🌀 Tipps

Am Anfang können Sie mit ganz konkreten Beobachtungsaufgaben helfen, z.B. „Was hast du heute gelernt, was du gestern noch nicht gewusst oder gekonnt hast?" Oder „Was hast du heute besser geschafft als gestern?"

110 b. <u>Das hat heute gut geklappt</u>

✂ Material/Vorbereitung

Schreiben Sie die Überschrift (siehe oben) auf ein Plakat.

So geht's

Am Ende des Tages überlegen Sie gemeinsam mit den Kindern, was heute gut geklappt hat. Lenken Sie bei Bedarf die Aufmerksamkeit der Kinder auf bestimmte Situationen, z.B. „Wie war es beim Umziehen in der Turnhalle?" Die Kinder können dann erklären, was es denn genau war, das gut geklappt hat („Wir waren besonders schnell." Oder „Es gab keinen Streit.").
Notieren Sie die Erfolge auf einem Plakat. So sehen die Kinder, wie ihnen Tag für Tag mehr gelingt.

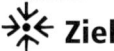 **Spezial-Zeugnisse**

⚹ Ziel

Die Kinder sowie die Lehrerin erstellen bzw. erhalten kleine individuelle Zeugnisse.

✂ Material/Vorbereitung

Kopieren Sie die jeweilige Vorlage für jedes Kind.

111 a. Eigenzeugnis

⚙ So geht's

Gestalten Sie ein Zeugnis mit folgenden Rubriken (oder verwenden Sie einfach unsere Vorlage 111 a):

≋ Das mache ich gerne:
≋ Das kann ich schon gut:
≋ Das muss ich noch besser üben:
≋ Das möchte ich noch lernen:
≋ Das nehme ich mir vor:

Jedes Kind trägt auf seinem Bogen ein, wie es für sich selbst die einzelnen Rubriken einschätzt. Je nach Lernstand der Kinder kann geschrieben oder gezeichnet werden.

☉ Tipps

Es kann hilfreich sein, wenn Sie die einzelnen Sparten getrennt nacheinander bearbeiten lassen und den Kindern ein paar Denkanstöße in Form von Beispielen geben: z.B. bei der Rubrik „Lesen – Das kann ich gut": „Ich kenne alle Buchstaben" oder „Ich kann Wörter lesen" oder „Ich lese ganze Bücher".

111 b. <u>Mini-Zeugnis</u>

Kopiervorlage 111b

So geht's

Nutzen Sie das „Mini-Zeugnis" (Vorlage 111b), um einzelnen Kindern kurze Rückmeldungen zwischendurch zu geben. Es kann ein besonderes Lob sein, aber auch der Hinweis, dass das Kind noch ein Thema intensiver üben oder eine Verhaltensweise ändern soll. Die Mini-Zeugnisse sollten Sie dem Kind persönlich überreichen und ihm bei Bedarf vorlesen.

Gestalten Sie dazu ein Zeugnis mit folgenden Rubriken (oder verwenden Sie einfach unsere Vorlage 111b):

≈ Das machst du wirklich toll:

≈ Dabei möchte ich dir in Zukunft helfen:

Tipps

Informieren Sie die Eltern (auf dem ersten Elternabend oder per Info-Brief) von Ihrer Vorgehensweise und dem Sinn der Übung. Nur so können Sie Missverständnisse vermeiden, denn das Mini-Zeugnis ist ja mehr eine persönliche Mitteilung und hat keinesfalls einen offiziellen Charakter.

Führen Sie eine Liste über die ausgeteilten Zeugnisse und ihren Inhalt. Nur so können Sie gewährleisten, dass alle Kinder einmal ein Zeugnis erhalten und sich auch keine Widersprüche zum offiziellen Schuljahreszeugnis einschleichen.

Falls Sie ein Kind auffordern, etwas an seinem Verhalten zu ändern, sollten Sie in absehbarer Zeit ein weiteres Zeugnis ausstellen, aus dem hervorgeht, wie sich die Sache weiterentwickelt hat.

111 c. <u>Zeugnis für Lehrerinnen</u>

Kopiervorlage 111c

So geht's

Am Ende des Schul-(halb-)jahres darf jedes Kind die Lehrerin beurteilen und ihr aufschreiben, was ihm gut oder nicht so gut gefallen hat.

Gestalten Sie dazu ein Zeugnis mit folgenden Rubriken (oder verwenden Sie einfach unsere Vorlage 111c):

≈ Das hat mir gut gefallen:

≈ Das wünsche ich mir von dir:

⊙ Tipps

Nehmen Sie die Zeugnisse der Kinder ernst, sie können sehr hilfreich für Ihre weitere Arbeit mit der Klasse sein. In der Art, wie die Kinder Sie beurteilen, spiegelt sich auch Ihre eigene Beurteilungspraxis wider: Lobe ich genug oder schaue ich in erster Linie auf Defizite?

Literatur

Arndt, Ursula: **Literatur-Werkstatt: „Elmar".** Verlag an der Ruhr, 2001. ISBN 978-3-86072-606-8

Ballinger, Erich: **Lerngymnastik für Kinder.** Droemer/Knaur 2001. ISBN 978-3-426-87125-6

Grace, Cathy/Shores, Elisabeth F.: **Das Portfolio-Buch für Kindergarten und Grundschule.** Verlag an der Ruhr, 2005. ISBN 978-386072-943-4

Herzig, Sabine/Lange, Anke: **So funktioniert jahrgangsübergreifendes Lernen.** Verlag an der Ruhr, 2006. ISBN 978-3-8346-0106-3

Jörg, Sabine/Kellner, Ingrid: **Der Ernst des Lebens.** Thienemann Verlag, 1996. ISBN 978-352243230-6

Erich Kästner: **Till Eulenspiegel.** Nacherzählung. Dressler, 2005. ISBN 978-379153039-0

Lionni, Leo: **Swimmy.** Beltz, 2007. ISBN 978-340777009-7

McKee, David: **Elmar.** Thienemann Verlag, 1989. ISBN 978-352243202-3

Proßowsky, Petra: **Kinder entspannen mit Yoga.** Verlag an der Ruhr, 2007. ISBN 978-3-8346-0291-6

Stücke, Uta: **Konzentrationstraining im 1. und 2. Schuljahr.** Ein systematisches Förderprogramm. Verlag an der Ruhr, 1999. ISBN 978-386072-442-2

Treu, Sabine/Kirschner, Jens: Orientierung ohne Worte: **Bildkarten für Stundenplan und Tagesablauf.** Verlag an der Ruhr, 2005. ISBN 978-3-86072-956-4

Die Liedtexte, aus denen die Kapitelüberschriften stammen, finden Sie hier:

Horn, R./Mölders, R./Schröder, D.: **Klassenhits.** Kontakte Musikverlag, 2002. ISBN 978-3-89617-091-0

Kemming, Katharina: **Unser Musikspielbuch MUK 2.** Klett, 1999. ISBN 978-3-12-172620-2

Küntzel, Bettina/Lugert, Wulf D.: **Kolibri Liederbuch.** Schroedel, 2000. ISBN 978-3-507-02503-5

Zuckowski, Rolf: **Die Jahresuhr.** Audio-CD. Universal Music, 1994. ISBN 978-3-8291-9506-5

Internet

www.spielekiste.de/archiv/ Die Spielekiste gibt Anleitungen für Kennenlernspiele, Bewegungsspiele sowie Spielideen für draußen und drinnen.

www.bastelideen.info Bastelideen für verschiedene Anlässe und mit verschiedenen Materialien.

www.unterrichtsmaterial-schule.de www.schulportal.de Kostenlose Börsen für Unterrichtsmaterialien und Arbeitsblätter.

www.friedrichonline.de/ pdf_preview/d59030_1016.pdf Eine Anleitung für Entspannungsformen und Fantasiereisen im Unterrichtsalltag.

http://seminar-ghsmz.bildungrp.de/hotpot/1a.html Schülerseite mit Wort-Bild-Zuordnungen und einem Kreuzworträtsel.

Verlag
an der Ruhr

Postfach 10 22 51
45422 Mülheim an der Ruhr

Telefon 030/89 785 235
Fax 030/89 785 578

bestellungen@cornelsen-schulverlage.de
www.verlagruhr.de

Es gelten die Preise auf unserer Internetseite.

Locker durch den Unterricht